JN411214

사라지는 것은 아름답다

사라지는 것은 아름답다

강금숙 지음

예솔

들어가는 말

1994년에 등단을 했으니, 문단에 들어선 지도 짧지 않은 세월이다. 5인 에세이 『하늘을 보면 눈이 시리다』 이후 단행본 『외출』을 출간한 지 십 년을 훌쩍 넘기고 이제 겨우 두 번째 수필집을 묶는다. 달려온 길 돌아보니 아득한 세월 위로 무수한 상념들이 머리를 맴돌다 어지러이 흩어진다. 실로 늦은 행보(行步)다.

시간은 흐르면서 사라져만 가는 것이 아니라 이어지고 쌓여간다고 믿으며, 미래는 짧아도 과거는 길어지기에 세월의 깊이와 내공으로라도 마음에 드는 수필 한두 편은 쓸 줄 알았다. 바램뿐인 오산(誤算)이었을까. 시야는 좁아지고 안목(眼目) 또한 줄어든다.

새해 들어 책장 정리를 하다 보니 출판 이후 발표한 글들이 삼십여 편은 넘었다. 모두가 고만고만한 글들이다. 그냥 버리기는 아쉽고 그렇다고 용기를 내지도 못하던 어느 날, 계간지(季刊誌)에서 내 글을 보면 반가워서 먼저 읽는다는 글벗, 내가 글이 별로라고 하면 장모님 글은 언제나 좋다던 사위, 듣기 좋으라고 하는 지나치는 인사에도 천군만마(千軍輓馬)를 얻은 듯 용기를 내어 본다. 겹겹이 늘어선 크고 작은 산맥들처럼 연이은 세월 한편에 멀고 가까운 능선들, 그 무수한 삶의 언저리에서 특별할 것 없는 소소한 일상이나 가끔은 하고 싶은 이야기도 있었고 더러는 드물게 만나는 눈부신 순간도 있었으니 가랑비 같은 속삭임이나 한 줄기 미풍이라도 되었으면 하는 마음 간절하다.

벚꽃을 위시한 봄꽃들이 찬란하더니 하나둘 지고 있다. 올해처럼 그 찬란함이 달리 보인 적도 없었던 것 같다. 저만치 홀로 피었다가 쓸쓸히 가고 있다. 한동안 받고만 살아왔으니 나도 사랑하는 사람들에게 더 늦기 전에 부족하나마 생(生)에 마지막이 될지도 모를 작은 선물이라도 준비하고 싶다.

글을 쓴다고 늘 컴퓨터 앞에 앉아 있는 나를 이해해 주고 글을 쓰며 살아가도록 배려해준 남편에게 먼저 감사의 인사를 드린다. 튼실한 울타리를 만들어 항상 삶의 용기와 희망을 주는 든든한 세 아들과 착한 며느리들, 하나뿐인 사랑하는 딸 · 사위, 소중한 장손 내외 원준 · 재령, 태준, 윤준, 형준, 여준, 승준 자랑스러운 여섯 손자와 예쁜 손녀 서희, 지수, 은형, 귀여운 증손녀 유진이, 사랑하는 가족들에게 고맙다는 인사를 이 책으로 대신한다. 먼 훗날 유진이 할미를 기억하고 이 책을 읽어 줄까. 그리고 세상에서 좋은 인연으로 만나 격려하고 사랑하며 깊은 우정으로 지켜온 나의 오랜 친구들, 존경하는 스승, 동료 이웃에게 고개 숙여 무성한 감사를 드린다. 수필집을 정성껏 만들어 주신 예솔 사장님과 심영지 편집자를 비롯한 여러분들께도 진심으로 감사를 드리며 향기로운 찻잔 앞에 마주 앉고 싶다.

어제 프롤로그까지 쓰고 났는데, 딸에게서 낭보(朗報)가 전해져 왔다. 외손녀가 몇백 대 일의 관문을 넘어 아마존(Amazon)에 합격했다는 소식이다. 너무 기뻐 한마디 덧붙이지 않을 수가 없구나. 축하한다. 은형아!

2020년 늦은 봄

강 금 숙

차례

5월의 반성

부부라는 이름으로

삶은 인내로구나

내게 주신 마지막 선물

착한 사람들의 세상

아직도 멀었다

착한 사람들의 세상

좋은 날이다

친구여 우리 건배하자

휴식 속에 잠든 분수

아버님 전 상서

생활의 롤 모델이 생겼다

행복했던 순간

지도자의 길

미소

사회적 거리 두기

아직도 멀었다

미사를 끝내고 성당을 나섰다. 파랗게 날을 세운 하늘은 쨍 소리가 날듯 상큼하게 펼쳐져 있고 스치는 바람은 더없이 청량한데 내 발걸음은 물에 젖은 솜처럼 무겁기만 하다.

겨레의 구심력인 한강의 역사 앞에 우뚝 선 절두산 성지. 1866년 병인대박해 때 이곳에서 많은 신자들의 목이 베어져 한강에 버려진 후 목이 잘린 산이라 하여 절두산이라 불렸다. 현재 27위의 한국 성인 성해가 안치되어 있으며, 그 후 1966년 순교자들을 위한 100주년 기념관인 박물관과 성당이 이 순교 터 위에 건립되었다.

자애롭게 우리의 갈 길을 밝혀주는 성모상을 비롯해 김대건 신부의 동상, 그리고 부활에 이르는 15장면을 묵상하는 기도의 여정인 '십자가의 길' 을 걸으며 기도하는 이들의 모습은 경건하기만 한데, 나는 왜 항상 이 모양인지 모르겠다.

영세를 받은 지도 어느덧 이십 년이 지났고, 남편과 아들 내외에 손자까지 미사를 보는 성가정임에는 틀림이 없는데도 나의 신앙심은 자랄 줄 모르고 언제나 제자리에서 맴을 돈다.

아직도 주님을 절대적인 내 삶의 최우선 순위에 모시지 못했단 말인가. 아니면 세상의 논리와 지식에서 영영 자신을 결별할 수 없는 것일까. 저렇게 자신을 송두리째 바쳐가며 무릎을 꿇고 머리를 조아리는 신자들을 보면서 오늘도 내 신앙에 회의를 느낀다.

"인간은 생각하는 갈대다"라는 유명한 말을 남긴 파스칼은 위대한 수학자이며 물리학자였지만 그리스도교의 사상가로도 유명하다. 그는 세상의 삶과 신앙의 모순에 대해 사색을 하던 중 신비적 체험을 하게 되었다고 한다. 그것은 신앙적으로 대단한 체험이었으며 하느님께서 주신 은총이었다. 마치 은총의 불 같은 것을 체험한 파스칼은 과거와는 전혀 다른 사람으로 변해서 어렵게 지내면서도 가난한 이웃을 돌보며 신앙에 대한 수많은 글을 썼다.

그의 사후에 출간된 『팡세』에는 신앙적인 사색을 표현한 소중한 단편들이 많이 수록되어 있다. 그중에 "인간의 마음마다 무엇으로도 채울 수 없고 오직 그리스도에 의해서만 채울 수 있다."란 말이 있다. 그 말을 깊이 인정하면서도 왜 내 삶의 전부를 주님의 은총으로는 채우지 못하는 것일까. 그러한 돈독한 믿음은 내게 언제쯤이나 올 것이며, 그와 같은 강력한 체험을 할 수는 있을까. 영혼을 강타하는 그런 벼락은 아무에게나 내리는 것은 아닐 것이다.

남을 돕는다는 자선이야말로 인간다움의 가치를 가장 잘 드러내는 덕목이다. 그와 같은 신앙이란 형식적으로 영세를 받기만 해서 되는 것도, 단순한 자기반성이나 참회의식으로 되는 것도 아니라 세상 것들과의 결별로 삶의 의식이나 행실이 바뀌어야 할 것이다.

언젠가, 미사를 보는 겨우 한 시간 남짓한 시간도 쓸데없는 분심으로 강론에 집중하지 못하는 나 자신을 어느 후배에게 하소연하였더니 '분심은 기도 중에도 생기는걸요.' 하는 말에 용기를 얻기도 했었는데…

그러나 돌아보면 나는 아직도 멀었다. 신간(新刊) 베스트셀러는 자주 읽으면서도 성경 한 구절 읽는 데는 이렇게 인색하니 말이다. 몰라서인지 아집인지는 몰라도 한곳에 푹 빠지지 못하는 내 성격에도 문제가 있으리라는 생각이 미치자 아득한 저편의 기억 하나가 되살아난다.

대학 2학년 때인가 보다. 기독교 학교라서 오전 수업이 끝나면 예배시간이 있었다. 부활절이 임박한 어느 해 봄, 세계적으로 유명한 부흥 목사인 '덴만' 박사를 모셔다 일주일 동안 간증과 설교를 들었다. 유교 집안에서 자라고 컸지만 내겐 충격이었다. 그 분이 떠나시기 하루 전 토요일이었다.

마음속에 주님을 모시기로 결정한 사람은 눈을 감고 조용히 손을 들라고 했다. 파이프 오르간에서는 장중하게 찬송가가 울려 퍼지고 장내는 엄숙했다. 나도 모르게 손이 들렸다. 손을 든 학생은 조용히 일어나 세례를 받으러 앞으로 나오라는 말이 들렸다. 살며시 눈을 떠 보니 많은 학생들이 긴 줄로 이어져 걸어가고 있었다. 겨우 손을 들기는 했으나 걸어 나설 용기는 없었다. 그때도 내 마음을 내가 확신할 수 없었기 때문이었을 게다.

그리고 삼십여 년이란 긴 세월을 흘려보내고 영세를 받았다. 천주교 신자인 며느리를 맞이하게 되어 명동성당에서 결혼식을 치르고 난 한참 후였다.

시간이 가면서 믿음은 조금씩 자랐고 기도생활도 나의 일상이 되어갔다. 기도의 폭이야 부모와 자식, 가정과 이웃의 범주를 넘지 못하나 기도 없이 식사를 하거나 잠자리에 드는 일은 없어졌다. 그것만으로도 큰 은총이라 믿으며, 세상에서 할 일을 조금만 더 끝내고 나면 성경도 많이 읽고 주님께 부끄럽지 않은 딸이 되겠다고 다짐을 하곤 했다.

그런데 오늘도 나는 내 믿음의 한계를 벗어나지 못했다. 성당에서 봉사활동을 못 하는 나는 교무금과 헌금이 유일하게 주님께 바치는 것의 전부다. 아침에 집을 나설 때만 해도 오늘은 감사헌금을 해야겠다고 다짐했었는데 생각으로만 그치고 말았다. '아차 이게 아닌데' 하고 마음을 바꾸려니 헌금함은 벌써 앞줄을 향해 빨리 돌아가고 있지 않은가. 다시 일어설 용기는 더더욱 없었다.

나는 아직도 멀었나 보다.

(2012)

착한 사람들의 세상

계절이 바뀌면서 산색이 달라졌다. 바람 소리가 바뀌고 풍경을 넘어 낙엽 지는 소리가 운치를 더해 준다. 늦가을이 주는 또 하나의 선물이다. 날씨가 차가워지면서 우리는 앞선 것들과 이별하고 뒤에 오는 것들을 만나게 된다. 세상 이치가 그러하다. 그러한 이치 속에는 상처나 아쉬움도 있겠지만 행복한 기억이 더 많음을 안다. 입동이 지나자 어둠도 빨리 내리고 다른 계절에 비해 짧기만 한데, 어제는 실로 긴 하루를 보냈다. 지루하고 힘들어서가 아니라 훈훈하고 따뜻한 사연으로 오래 머물고 싶었던 하루였나 보다.

친구와 약속이 있었다. 요즘 사람들의 표현을 빌리자면 절친과의 약속이다. 서로 지척에 살면서도 전처럼 자주 만나지 못하는 것은 나이가 든 탓이기도 하지만, 친구의 아들이 뜻하지 않은

병고로 병원을 드나들고 있어 전화를 하기도 어려웠고, 문병을 가는 것 또한 부담스러울 것 같아 맛있는 것 사주라고 작은 봉투 하나를 준비해 놓은 지도 한참이 지났기에 보고 싶기도 하고 할 이야기도 많던 차, 오늘이 약속된 바로 그 날이었다.

정오를 지나자 바람도 쉬어 가는지 포근한 햇살에 파란 하늘에는 구름 한 점이 그림처럼 곱게 떠 있다. 택시는 바로 탔다. 지갑을 열어보니 택시 요금을 낼 만큼의 잔돈은 있었으나 내가 정차하는 곳은 번화한 곳이니 손님이 많을 터라, 돈은 집으로 갈 때 쓰기로 하고 카드를 꺼내 들었다. 요즘 내가 택시를 타면서 이런 작은 고민을 하게 된 까닭은 신문에 기고한 어느 기사분의 글을 읽고 난 후부터다. 승객의 대부분이 카드로 정산을 하다 보니 담배를 사거나 음료수를 마시려 해도 현금이 없어 불편할 때가 많다는 글이었다.

카드로 계산을 하는데 천천히 내리시라며 좋은 하루 보내시라는 젊은 기사분의 음성이 듣기 좋았다. 고맙다는 답례를 하고 카드를 넣으려 하자 지갑이 없었다. 카드를 꺼내고 지갑을 핸드백 속에 넣는다는 것이 택시 바닥에 떨어트린 모양이다. 이런 낭패

가. 차가 붉은색이었던 것은 알겠는데, 그 자리에 붉은색 차가 두어 대 있었지만 기사가 모두 노인이었다. 약속 시각 십 분 전이었다. 건너편에 있는 은행으로 뛰어갔다. 결제한 카드를 보이니 회사 전화번호와 요금을 낸 인증 번호는 알려 주었으나 점심시간이라 3시 이후가 되어야 확인할 수 있다고 한다. 우선 친구와 만나 백화점 카드라도 정지시키려 했으나 그것 역시 같은 대답이다. 우선 점심을 먹기로 했다. 누가 지갑을 줍자마자 백화점으로 가지는 않겠지 하는 느긋한 생각에서였는지, 걱정 중에도 점심은 맛이 있었다. 사양하는 친구에게 봉투를 전하는데 문득 집을 나설 때 생각이 난다. 비록 작은 선물이지만 구겨지지 않게 지갑 사이에 넣을까 하다가 혹시 택시 요금을 내다가 빠트릴 수도 있겠다 싶어 핸드폰과 지갑 사이에 넣은 것은 참 잘한 일이었구나 하는 생각이다.

핸드폰이 울렸다. 모르는 번호의 여자 음성이다. 혹시 지갑을 잃어버렸느냐고 묻는다. 그걸 가지신 분이 전화번호를 알려달라고 하는데 개인 정보에 관한 것이라 알려주지 못했다고 한다. 지금 밖이라고 하자 그럼 받아 놓고 다시 전화하겠으니 용강동 복지원 백 팀장을 찾으라고 한다. 실례가 되지 않는다면 지갑에 돈이 얼마 되지는 않지만 그분께 드려 달라고 부탁을 했다. 노인 복지카드를 발급받고 아직 한 번도 이용을 못 했는데 이럴 수가, 만약 이 카드가 없었다면 주소나 전화번호를 몰라 쉽게 찾지 못했을 터인데 말이다.

가벼워진 마음으로 마신 커피의 향은 일품이었다. 식당이 시끄러우니 조용히 집에 가서 백화점 카드를 정지하자고 친구의 집으로 서둘러 왔는데 이제 그럴 필요도 없어졌다. 오히려 잘된 일이었다.

백 팀장을 찾았다. 그 기사분이라고 했다. 돈은 사양하고 여기까지 온 요금만 받았다며 지갑을 확인해 보라고 한다. 여기까지 가져오셨는데 무슨 확인이 필요하냐며 "지갑이 없어 맨손으로 왔네요" 하다 보니 손에 쥔 카드가 보였다. 카드로 음료나 케이크를 살 수도 있었는데 미처 생각지 못한 자신이 부끄러웠다. 집으로 돌아와 남편에게 장황하게 설명을 하자, 기사분의 전화번호는 알아 왔느냐고 묻는다. 또 실수다. 복지원으로 전화를 했다. 쓰레기통에 버렸다는 전화번호를 찾아 알려준다. 감사의 인사를 하고 싶다고 하자 당연한 일이라면서 "오늘 많이 놀라셨죠?" 한다. 비록 실수 연발의 하루였지만, 착한 사람들과 보낸 하루는 행복했다.

삶에서 수많은 사람들을 만나며 살아왔다. 풀잎처럼 맑고 들꽃같이 착한 사람들, 마음을 열고 지낸 사람들이 있어 행복했고, 꿈과 꿈 너머 꿈을 함께 달려온 그런 사람들과 만난 것은 내게 행운이며 기적이다. 오늘도 바로 그런 날이었다. 하루하루의 기억 위로 세월이 차곡차곡 쌓이면서 삶이 내게 가르쳐 주는 것이 있다. 세상을 머리로만 살지 말고 따뜻한 마음으로 살라는 깨우침이다.

(2019)

좋은 날이다

올림픽 도로 옆, 뒤늦게 설화처럼 피어난 설유(雪油)가 시선을 붙든다. 봄의 문턱에 인고의 화신(化身)인 양 노란 꽃술을 터트리는 산수유와 더불어 이른 봄 첫 손님이다. 가늘고 유연한 가지에 방울방울 맺힌 희고 작은 꽃무리, 웨딩드레스로 단장한 신부의 너울처럼 출렁인다. 도시의 소음과 주야로 뿜어대는 아황산가스에도 아랑곳없이 지고지순(至高至純)한 넋으로 피어난 천상의 눈꽃인가.

겨울과 봄 사이, 거실 중앙 백자 가득히 철 이른 설유를 꽂고 가는 겨울을 송별하고 오는 봄을 자축하는 것은 오래된 나의 습관이었다. 비록 혼자만의 축제지만 알 수 없는 기대와 희망으로 부풀었다.

길고 유난했던 추위 탓일까, 아니면 저무는 나이에서 오는 무력감일까. 금년은 연례행사도 치르지 못한 채 맞이한 봄이 왠지 아쉽고 서글펐는데, 푸른빛이 번지는 기색도 없는 여백의 잔디 사이로 이 놀랍도록 아름다운 무채색의 신비, 흰빛은 모든 색을 수용도 하지만 남김없이 되돌려줄 줄도 아는 아량이 있다.

환경 문제의 심각성을 모르는 채 도시 전체를 주차장으로 만들어 버린 시 행정에 분노도 느끼지만 각박한 도시인의 꿈과 정서를 심어주는 새봄맞이 환경미화에는 후한 점수를 주고 싶다. 정차 현상으로 끓어오르던 소용돌이가 눈꽃 속으로 녹아든다.

편안해진 마음으로 한강을 굽어본다. 수없이 반짝이다 부서지는 하얀 은비늘을 이고 멈춘 듯 흐르는 강물은 어디가 상류인지 하류인지 모르게 조용하다. 둔치에 심어놓은 일년초들이 아직은 바람이 차다고 얼굴을 맞대고 소곤거리는데, 승객도 없는 유람선 한 척이 유유자적 거슬러 올라온다. 시야에 들어오는 경관이라고는 아파트 단지뿐일 것이라는 지난날의 생각 대신에 시원한 강바람에 타고 싶은 충동마저 느껴진다.

약속한 장소는 한적하나 쓸쓸해 보이지 않는 분위기가 좋다. 늦은 나를 불평 없이 기다려 준 친구의 눈빛이 곱다. 강북을 잇는

복잡한 교통 사정을 관용으로 덮어주며 마주 잡는 손끝이 따스하기만 하다. 깊은 신뢰와 사랑이 침잠하는 좋은 날이다.

커피 한 잔에 쏟아지는 진솔한 이야기에 시간이 가는 줄도 해가 지는 줄도 모른다. 지나온 삶의 반추보다 남은 시간을 어떻게 보낼 것인가에 초점을 맞춘다. 길지 않은 남은 삶이 소중하게 느껴지며 그 많던 시간을 넓고 깊게 소유하려는 노력이 부족했음을 후회한다.

만져질 것 같은 따스한 봄볕이 창가로 내려와 둘의 얼굴을 비춰주고 풍요로운 고요가 우리를 감싼다. 자신도 모르게 키워온 불평의 가지는 그가 잘라주고 그녀의 가슴에 고인 앙금은 내가 녹여준다. 무질서하게 자란 곁가지들이 정리된 가슴으로 시원한 바람이 몰려오고 앙금을 걸러낸 그의 가슴에도 맑은 샘물이 봇물 터지듯 고여 오는 소리가 들리는 듯하다. 참으로 좋은 날이다.

어렴풋이 알 것 같다. 부질없는 욕심을 버리고 마음을 비우면 작은 불만의 싹도 자랄 수 없다는 것을. 이 좋은 계절 가운데 우리가 있고 한기를 막아 줄 가족의 울타리가 든든하고 사랑하기에 충분한 벗이 있다. 단조로운 일상에도 오늘 같은 만남이 있다. 작은 분노도 키울 수 없는 축복받은 우리가 아닌가.

귀로는 더욱 멋질 것이다. 시간에 얽매이지 않는 자유로움으로 설유를 오래오래 바라볼 수 있을 것이다. 잊고 지나친 봄의 축제에 흠뻑 빠져보리라. 낙조로 노을 진 한강은 넉넉한 은총에 금빛으로 변했을 테고 성산대교에 반쯤 걸린 석양은 눈부실 것이다. 아름다운 기억으로 남은 센강의 미라보 다리나 화려한 아르누보 양식의 가로등이 돋보이는 알렉산드르 3세교의 예술성에 비길 수는 없겠지만, 나름대로 우리 풍토에 맞는 시원하고 긴 다리가 아닌가.

일상에서 생기는 소용돌이나 분노, 불평의 가지를 잘라낸 가슴에는 고운 것만, 감사하는 마음만 담기로 하자. 내 감정에 너무 솔직하여 사랑과 미움을 쉽게 표출하는 습관도 고쳐야 한다. 절두산 성지를 지나면 우선 슈퍼에 들르도록 하자. 가족을 위해 별식을 준비해 보자. 걸음을 재촉하는 입가로 웃음이 샌다.

참으로 좋은 날이다.

(1996)

친구여 우리 건배하자

미사리를 벗어나 중부고속도로로 들어서자, 산야는 온통 봄의 축제로 술렁이고 있었다.

아기들의 속살처럼 보드랍고 다채로운 연둣빛 초록들, 그 초록 사이를 비집고 구름처럼 피어난 산 벚꽃이 어우러져 빛나는 모습은 너무도 황홀해 가슴마저 저릿해져 온다. 저토록 아름다운 봄의 향연은 누구를 위해 존재하는 것이며, 누가 마련한 것일까.

며칠 전, 친구들과 모인 자리에서 남녘에는 어느새 벚꽃이 피기 시작했다며 꽃구경을 하러 가자고 했다. 그때 나는 느닷없이 복숭아꽃이 보고 싶어졌다. 벚꽃 축제야 진해 군항제나 쌍계사, 가까이는 윤중로에서도 여러 번 접해 보았지만, 복사꽃의 절정을 본 기억이 없었는데 갑자기 어느 책에선가 읽었던 감동이 되살아나서였다.

'금년 봄에는 우리 복사꽃이나 보러 갈까?' 그렇게 말을 해놓고는 잊고 있었는데, 엊그제 그 말을 기억한 친구한테서 전화가 왔다. 영덕군청 홍보과로 문의를 했더니 4월 14일부터 16일까지가 절정이라며 속히 날을 잡자는 얘기였다. 간단한 행장으로 훌쩍 떠나는 여행이 낭만적이긴 해도 불시에 넷이서 시간을 맞추기에는 그리 쉽지가 않았다. 우선 18일 금요일로 날짜를 정해놓고, 다시 문의를 하자 비만 오지 않으면 괜찮겠다는 답변에 마음부터 바빠지기 시작했다.

이른 아침, 서둘러 서울에서 출발한 네 사람은 봄날 산야의 풍경만큼이나 들떠있었다. 영덕까지 다녀오려면 보통 일박을 해야 하는 거리지만, 급히 정해진 일정이라 모두가 그럴 만한 형편이 못 되었다. 당일로 돌아와야 하는 강행군에도 걱정은커녕 소풍을 나온 학생들처럼 마냥 즐겁기만 했다.

아침으로 일회용 용기에 예쁘게 담아온 표고버섯 죽은 맛깔스러웠고, 향 커피를 섞어 내린 원두커피는 일품이었다. 친구는 앞자리에 앉아서 가곡과 클래식을 적당히 안배해 들려주어, 마치 달리는 음악 감상실과도 같았다.

10시가 조금 지나자, 차는 어느새 안동 톨게이트를 빠져나오고 있었다. 안동에서부터는 중앙선을 벗어나 국도를 타야 하기에 하회마을을 잠시 들러보기로 처음부터 계획된 코스였다.

하회마을은 초입부터 만원이었다. 우선 기념관에 들어섰다. 1999년 이곳을 방문했던 엘리자베스 영국 여왕이 4월 19일부터 22일까지 체류했던 3일간의 일정이 홍보되고 있었다. 오늘이 4월 18일이니 우리도 여왕 못지않게 실로 좋은 때에 왔다며, 때를 잘 맞추어 온 우리를 자축하며 웃고 또 웃었다.

간단하게 안동 칼국수나 먹고 떠나려니 국숫집은 보이지 않고, 이 고장을 대표하는 먹거리인 안동 찜닭과 간고등어 집들만 성시를 이루고 있었다. 복사꽃도 빨리 보고 싶지만, 영덕에서 대게를 먹으려면 배도 좀 비워 놓아야 했기에 아쉬움을 남기고 그냥 돌아섰다.

34번 국도를 타고 1시간 반쯤이나 달렸을까, 산비탈을 끼고 마을을 환하게 밝히는 빛이 사방에서 느껴지기 시작했다. 바야흐로 복사꽃의 출현인가 보다. 친구는 앞에서 오른쪽, 왼쪽 하며 복사꽃을 향해 구호를 외쳤고, 우리는 그 소리에 맞추어 시선을 돌리느라 목까지 빼근해져 왔다. 그러던 와중에 갑자기 도로 옆으로 마치 열병식을 하는 장병들처럼 늘어선 복사꽃의 향연, 바로 영덕군 지품면 삼화리 복사골이었다.

차를 세웠다. 자주색의 꽃술에 벚꽃보다 조금 진한 분홍색의 갈래꽃, 뾰족한 타원 꼴에 짧은 잎자루 5장의 꽃잎들이 열꽃처럼 피어올라 산도들도 꽃에 묻혀 봄볕에 흐물흐물 녹아내리고 있는 것만 같았다. 그래서 복사꽃을 도화(桃花)라 하며, 분홍 볼을 가진 미색의 여인을 복사꽃에 비유했나 보다. 가을에 실한 복숭아 수확을 위해 군데군데에서 꽃잎을 솎아주는 아줌마들, 그 손에 아깝게 떨어져 내리는 꽃잎을 따라 눈길을 돌린다. 꽃잎이 사뿐히 내려앉은 땅에는 제비꽃도 피어있고, 민들레도 피어 있다. 자주 부르는 성가 구절처럼 봄날의 대지에는 정말 젖과 꿀이 흐르고 있었다. 그리운 것들이 문득 생각나다가는 다시 사라진다. 이 벅찬 순간을 어떻게 감당해야 할지 모르는 찰나, 차에서는 '조영남' 의 맑은 음성에 실린 '꽃밭에서' 가 조용히 들려온다.

꽃밭에 앉아서 꽃잎을 보네
고운 꽃은 어디에서 왔을까

이렇게 좋은 날에, 이렇게 좋은 날에
내 님이 오신다면 얼마나 좋을까.

누군가가 바로 이 순간을 위해 작곡한 것처럼 감격이 벅차오른다.

영덕의 강구항 또한 대게 축제로 분주했다. 게다가 KBS '6시 내 고향' 녹화 준비로 잔칫집처럼 요란하다. 대게로 먹은 늦은 점심은 참으로 맛이 있었다.

돌아오는 길목, 석양빛의 물든 복사꽃은 더욱 요염하고, 무슨 기(氣)의 작용인지 공연히 숨이 차오르는 것 같은 착각에 말문이 막힌다. 그런 우리의 마음을 읽어주며 서행으로 달리던 아저씨가 중앙선으로 들어서자 속력을 냈다.

이천 휴게소에 도착하니, 시간은 8시 반을 가리키고 휘영청 둥근 달이 중천에 걸려있다. 별로 이지러진 데가 없는 걸 보니 오늘이 음력으로 삼월 열나흘인가 보다. 가지가 휘어져라 꽃송이를 가득 매단 벚나무 뒤로 주위를 환하게 비추고 있는 것이 달빛인가 했더니 그것 또한 꽃빛이었다.

다시 한번 오늘을 건배하고 싶다. "친구여 우리 건배하자. 우리들의 영원한 우정과, 꽃 피는 봄을 위하여!"

(2005)

휴식 속에 잠든 분수

요즘 우리는 건설의 현장 한복판에서 살고 있다. 건너편 공사장에는 까마득하게 철탑을 올리고 마치 번지점프를 하듯, 대형 포크레인이 고공 사다리에 무언가를 매달고 온종일 지그재그로 움직여댄다. 앞 건물 역시 고층 아파트를 짓겠다며 멀쩡한 건물을 마구 헐어내고 있다. 좁은 골목길로 뒤엉킨 동네는 아니더라도 매력적인 도시를 만들겠다는 데 반대할 사람은 없겠지만, 허물고 짓는 것만을 능사(能事)로 아는 개발(開發)지상주의나, 건설의 붐이 경제에 부담이 가지 않도록 속도와 규모를 조절해야 하지 않을까.

그뿐이 아니다. 도로 중앙에는 버스 전용차선 승강장을 만드느라 연일 북새통이다. 시도도 해보지 않고 말도 탈도 많던 버스 중앙차선이 원활한 소통으로 성공을 거두자, 서울시가 온통 공사

중이다. 그것은 당연히 시민 모두가 감수해야 할 몫이지만, 도저히 납득할 수 없는 공사 하나가 눈살을 찌푸리게 한다.

아마 10월 중순부터였나 보다. 네거리 한편에 있는 작은 공터이기에 화단을 만드나 했는데 그게 아니었다. 파이프를 자르고 전기 공사까지 하며 한 달 가까이 부산을 떨더니 작은 타원형 분수와 개울물 같은 분수대 두 개가 모습을 드러냈다.

이 네거리는 상암동 DMC로 향하는 관문으로 공공 문화시설과 아울러 금융단지, CGV 등으로 테헤란로나, 강남 사거리 못지않은 최첨단 거리가 된다는데 동민(洞民)에게도 환영받지 못하는 저 소꿉장난 수준의 분수는 왜 만든 것일까.

한 달이 지나자, 분수가 가동을 시작했다. 평면 분수대에서 물줄기가 솟아오르고, 실개천 같은 분수에서는 물이 졸졸 흘러내렸다. 밤이면 조명까지 켜가며 호들갑을 떨더니 11월 초, 갑자기 몰아닥친 기습 한파에 그대로 휴식에 들어가고 말았다. 평면 분수대는 다시 행인들의 통로로 변하고, 개울물 같은 분수대는 낙엽과 쓰레기, 담배꽁초 등으로 오물의 온상이 되어갔다. 모든 사물이 있어야 할 자리에 있음으로써 빛이 나는 법인데, 어울리지도 않는 저 좁은 공간에서 깨어날 줄 모르는 분수를 보면서 불현듯, 기대했던 광화문 광장에서의 씁쓸했던 기억이 떠오른다.

방학을 맞아 외국에 있는 외손녀들이 잠시 다녀갔었다. 그 애들이 도착하기에 앞서 광화문 광장이 개장을 했다. 공중에서 찍은 꽃길이 마치 벨기에 카펫처럼 문양(文樣)이 정교하고 아름다워 보였다. 애들이 오면 인사동을 가기 전에 이곳을 먼저 보여주리라, 나는 신문까지 오려 두었었다.

손녀가 오고 며칠이 지난 어느 날, 우리는 한껏 기대를 하고 집을 나섰다. 오늘의 나들이는 광화문 광장을 거쳐 인사동까지의 일정이다. 우선 광화문으로 들어섰다. 동상 앞 분수에서는 아이들이 정신없이 뛰어놀고 아름답게 보이던 꽃길도 어수선하기는 마찬가지였다. 화분대와 함께 만든 의자는 어른은 엉덩이 붙이기도 불편해 보였고, 거기에 손바닥만 한 해가리개는 더욱 볼품없는 졸작이었다. 광화문에서 홍예문, 북한산으로 이어지는 툭 터진 시야가 일품이라 해도 이건 아니었다. 게다가 계절마다 꽃을 갈아 심고 가꾸어야 하는 인력과 낭비는 어떠할지, 광장은 서울 광장만으로 족하지 않았을까.

여름이면 짙푸른 녹음을 선사하고 한 자락 바람으로 쉼터를 제공했던 우람한 나무들, 게다가 요즘처럼 가지 끝마다 금빛으로 타오르는 가을에 접어들면 누구나 한 번쯤은 시인이 되어 거닐던 지난날의 추억이 발끝에서 묻어날 텐데. 이제 어디에서 가버린 날들의 그 무성함을 찾을 수 있을까.

변화란 필요한 것이기도 하지만, 아무 호기심도 끌지 못하고 진정성도 특별함도 없는 변화는 바람직하지 않다. 고장 특유의 이야기나 역사를 담은 남다른 모습을 개발해야 하지 않을까. 근래에 다리마다 생긴 전망 카페만 해도 그렇다. 너도나도 앞다투어 만들기만 한다면 어쩌자는 것인지.

노란 감국과 연보랏빛 용담이 꽃을 피운 지도 한참을 지났다. 어느새 낙엽마저 지고 가지마다 앙상하다. 사람도 낙엽이 되지 않는 이는 없다. 그래서 인생은 망설일 틈이 없다고 하지 않던가. 지금의 우리 나이는 더욱 그러하다. 하지만 오래되거나 늙는다는 것이 다 나쁜 것만은 아니다. 너그러운 아량과 사물을 올바르게 관조하는 지혜가 생긴다. 도시도 그와 같지 않을까. 서울도 오래된 건축이라면 남부럽지 않게 많았었다. 지금 정도(定都) 600년을 넘겼다고 하지만 한 자리에서 60년을 넘긴 회사나 건물들을 찾아보기 힘들다. 역사와 고전을 보전하며 최첨단 과학의 편리함과 자연의 소통을 담아내는 충분한 배려가 있었으면 좋겠다.

음악과 낭만의 도시 빈의 거리는 오랜 유럽의 역사가 그대로 묻어난다. 팔십 년이 지난 아파트가 삶의 터전으로 이용되고, 고비용을 들여 부수고 새롭게 짓기보다 변형을 통해 옛것과 조화를 맞춘다. 역사적 유물은 현장에 보존해 후대에 교훈으로 남기고 이를 관광자원으로 재활용해 새로운 수익을 창출하는 것은 도시와 역사 둘 다 살리는 방법이 아닐까. 우리도 그와 같은 미래를 기대해 봄은 욕심일까.

지방자치제가 활성화되면서 이렇게 연말이 되면 판박이식 지역개발이 시 · 구 · 동마다 쉴 날이 없이 난무(亂舞)한다. 그러나 그 돈 또한 국민의 혈세가 아닌가. 달라졌다는 관심보다 저건 왜 만들었느냐는 주민의 항의 속에 분수는 아직도 긴 휴식 속에 침잠해있다.

(2016)

아버님 전 상서

국향(國香) 그윽한 계절, 오늘은 음력 구월 초열흘, 서른세 번째 맞는 아버님의 기일입니다. 10년이면 강산도 변한다더니 아버님의 지극하셨던 사랑도, 애틋한 기억도 하나둘 세월 속에 묻어가며 어느새 강산이 세 번이나 바뀌었나 봅니다.

아버님의 기일은, 언제나 자상하시던 아버님의 인품처럼 늘 따사롭고 청명해서 친척들이 모이기에도, 제수를 준비하기에도 좋았습니다. 대문을 나서면 골목 어귀마다 익어가는 감이랑 모과는 풍요롭게 향기를 뿌리고, 여름내 가꾸셔서 가을이면 소담스럽게 피워내시던 그때의 국화처럼 곱게 피어난 국화가 잊었던 아버님의 기억을 되살려 주곤 했습니다. 게다가 부족한 저희들이 행여 음력을 잊을까 봐 생신 달만 바꾸어서 같은 초열흘 날 돌아가신 두 분의 깊은 배려를 헤아려 보기도 했습니다.

오늘도 큰댁, 작은댁, 조카 내외분들, 그리고 아들, 손자, 증손까지 여기 모였습니다. 이렇게 제관들이 모여 아버님 생전의 이야기로 꽃을 피우고 있습니다. 그처럼 아끼시던 세 손자, 그리고 돌아가실 때 태중에 있었던 아이는 손녀로, 지금은 모두 장성해 일가를 이루었습니다. 떠나시기 전날 아침까지 스쿨버스를 태워주셨던 그때의 손자들보다 더 큰 증손자가 이렇게 의젓하게 심부름을 하고 있습니다. 부족하기만 한 며느리를 사랑으로 감싸주셨던 아버님, 이제 그 며느리보다 곱고 착한 세손부가 지금 아버님께 올릴 제수를 준비하느라 분주합니다.

아버님, 지금도 기억합니다. 손님이라도 오시든가, 점심이 조금 부족하여 상을 올리고 나서 이른 저녁을 할라치면 어느새 나가셔서 점심을 시켜 보내 주시던 아버님, 저는 시키지 않았다고 손사래를 치면 어느새 뒤따라오셔서 어서 식기 전에 먹으라고 말씀하시던 그 따뜻한 음성, 외출을 하실 때 용돈이라도 드리면 신발장이나 서랍에 넣고 가시고는 저만치 가셔서 전화로 손자들 필요한 것 사주라 하시던 기억은 아직도 눈에 보이는 듯 생생한데, 받을 줄만 알았지 베푸신 사랑에 보답은커녕 저희 손으로 새 양복 한 벌 지어 드리지 못한 불효가 한동안 아물지 않은 통증으로 남아 명치끝이 아팠습니다. 부모는 언제까지 기다려주시지 않는다는 이치를 미욱한 저는 왜 일찍 깨닫지 못했었는지 모르겠습니다.

그것도 아범 대신 저의 친정 할아버지 소상(小喪)에 가셨다가 쓰러지셔서 병원에 옮겨지셨고 결국 그것이 마지막이 되실 줄 누가 알았겠습니까. 가을이었지만 폭풍이 몰아치듯 어둡고 사납던 날씨, 에밀리 브론테의 〈폭풍의 언덕〉이 연상되던 그렇게 무섭고 험악했던 날은 이전에도, 그 이후에도 정녕 없었던 것 같습니다. 그런 날씨에 청파동 언덕을 오르시느라 얼마나 힘이 드셨을까요. 저도 그랬고 어머님께서도 한사코 말리셨지만 아범이 없으니 다녀와야 한다고 굳이 떠나셨다는데…

포도주 한 잔을 드시고는 그날도 손자 자랑에 기분이 좋으셨다니 그래서 혈압이 오르신 것은 아닌지 모르겠습니다. 이틀을 혼수상태로 계시다가 집으로 모셔왔지만 산소마스크를 떼자 그것이 칠십이 년 생애의 마지막이셨습니다. 그렇게 아끼시던 아들, 손자를 이 세상에 남겨 두고 어떻게 혼자 눈을 감으셨는지 아무리 생각해도 모를 일입니다. 아범은 자신의 이름을 한 번만이라도 불러 주시고 돌아가셨으면 여한이 없겠다고 오열했으며, 저희 집은 아버님을 잃고 그대로 무너지는 줄로만 알았습니다. 어이없는 슬픔 속에 궤연(几筵)을 모시고 평소처럼 아침저녁 상식에, 초하루 보름 삭망을 삼 년 동안 지내다 보니 탈상을 하게 되더군요. 그것이 저희들과의 완전한 결별이셨습니다.

세월은 많이 흘렀고, 슬픔도 차차 아물어 갔습니다. 아버님의 보살핌인지 아이들은 건강하게 자랐으며 아범의 사업도 번창했습니다. 그리고 두 번이나 새집을 짓고 이사도 했습니다. 새집으로 이사할 때마다 제일 먼저 아버님의 영정을 모시고는 눈물지었으며, 사 남매의 대학 입학이나 졸업, 결혼 때마다 지금 이 자리에 계셨으면 얼마나 기뻐하셨을까, 지금 살아 계시면 연세가 몇이실까 하고 황망히 연세를 짚어보기도 했습니다. 그러나 이 모두가 까마득한 옛이야기가 되었고 이제 저희도 많이 늙었습니다.

아버님, 오늘은 조금 특별한 날입니다. 지금 혹시 천상에서 내려다보고 계시지는 않으신지요. 새 그릇에 메를 지었거든요. 같은 음식인데도 반짝반짝 빛나는 방짜 제기가 임금님의 수라상처럼 보기가 좋습니다. 당신의 며느리는 벼르기만 하다가 미처 준비하지 못한 제기를 장손 내외가 준비했습니다. 외아들에게서 태어난 세 손자를 세상에서 당신만 가지신 보물인 양 자랑스러워하시던 아버님, 필경 두뇌가 명석할 게고 필체도 좋을 것이라고 장담하시더니 그 말씀이 틀리지 않았다고 감히 말씀드려도 될 것 같습니다.

아버님, 얼마 전에 저희도 부모님 곁에 자리를 마련해 놓았습니다. 말벗이 되어 드릴 날도 그리 멀지 않았나 봅니다. 그때 저희도 아버님처럼 아이들의 가슴 한편에 그리움으로, 사랑으로 기억되기를 소망하며 열심히 살아가겠습니다. 이제 흠향할 시간입니다. 향을 피우겠습니다. 새 그릇에 정성 들여 지은 메와 탕, 전이랑 편도 많이 드시고 부디 평안을 누리시옵소서.

구월 초열흘, 며느리 올림 (1999)

생활의 롤 모델이 생겼다

창문 너머로 맑은 건지 아니면 흐린 건지 분간할 수 없는 흐릿한 하늘이 시야로 들어선다. 고즈넉하던 안산의 능선 주위에 봄이 빈틈없이 스며들며 부풀어 오르고 있었다. 모든 것을 비워 냈던 겨울나무가 자신의 열기로 추위를 이겨내고 다시 새 생명력을 채워가며 일어서고 있나 보다.

엷게 채색(彩色)이 된 메타세쿼이아 숲 아래로, 하얀 창문을 수 없이 매단 빨간 벽돌의 기숙사 건물들과 서로 다른 색깔과 형태의 뾰족 지붕들이 어울려 빚어내는 경관이 흡사 이국의 전원 마을인 양 아름답다. 게다가 기숙사 중앙에 우뚝 선 굴뚝에서 가늘게 뿜어내는 하얀 연기가 완벽하게 그림을 완성해 가고 있다.

우리 집 서재의 동쪽 벽면은 유리창이다. 환기를 위해 만들어진 창틀만 없었다면 완전한 한 폭의 풍경화다. 서재 깊숙이 평온하게 아침 햇살을 끌어들이며 사계(四季)를 품어주는 창. 석양의 반짝이는 나뭇잎들, 밤이면 창문마다 불을 밝히고 침엽수 사이에서 꿈을 꾸듯 깜박이는 외등, 구름 모양을 따라 다른 날의 하늘인 양 변해가며 오늘도 어제나 다름없는 단조로운 일상에 망중한을 즐기게 해 준다.

갑자기 때아닌 눈이 내린다. 눈이 오려고 하늘빛이 묘했던 모양이다. 겨울은 이미 떠났나 싶었는데 시작부터 장관이다. 작별의 인사를 하듯 커다란 눈송이가 잠시에 마을을 덮어가고, 미루나무 위 새 둥지에서는 놀란 까치들이 먹이를 구하러 비상하는 날갯짓이 분주하다. 갑작스러운 설경이 빚어내는 장대한 수묵화에 마음을 빼앗기기도 했지만, 가슴에 일고 있는 이 상쾌한 바람은 어제 읽은 '사노 요코'의 글로 인한 여운 때문인지도 모르겠다.

신선한 충격이었다. 그 자신만이 아니라 장수를 부질없다고 생각하는 사람은 주변에 적지 않다. 그러나 그 사실을 이처럼 현명하게 받아들이고 설득력 있게 표현하며 살아갈 수 있는 사람이 얼마나 될까. 그렇게 늙어가고 싶다는 생각을 하는 순간, 아! 나는 그보다 이미 5년이나 더 살아왔지 않은가. 일면식(一面識)도 없는 작가의 부재로도 이렇게 마음이 쓸쓸하고 허전해질 수 있다는 사실이 참으로 신기했다. 누구나 그녀처럼 지혜롭게 살 수는 없다. 그러나 가끔은 삶이 버겁고 힘들 때 그의 거침없고 통쾌한 문장이나 살아가는 모습에서 작은 위로는 얻을 수 있지 않을까.

언제부터인가, 자신감을 잃어가는 일상에 신경이 쓰였다. 불편한 곳이 늘어난다는 것이야 어쩔 수 없는 현상이라 해도 무력감이나 의욕의 부재(不在)에서는 자유롭지 못했다. 능력이 남달랐던 것은 아니지만 모자란다고 생각지는 않았는데 돌아보니 이미 너무 멀리 와 있었다. 주위에 가까운 사람들이 하나둘 떠나고 친구와의 만남이 소원해지는 것도 삶의 과정임을 알고 마음 아파하지도, 미화하려고 애쓰지도 말아야 했다.

남은 날이 2년이라는 말을 듣자 괴롭히던 우울증이 사라지고 인생이 알차게 변하면서 매일이 즐거웠다지 않은가. 일하는 것을 좋아하지 않으면서도 영원히 읽힐 좋은 글을 쓴 사람, 역사상 최초의 장수 사회를 살아가는 우리 세대에는 생활의 롤 모델이 없음을 개탄하면서도 스스로 모색하며 살아온 그는 이렇게 쓰고 있다.

첫 진료 때 의사에게 물었다.

"몇 년이나 남았나요?" "호스피스에 들어가면 2년 정도일까요?" "죽을 때까지 돈은 얼마나 드나요?"

"1천만 엔"

"알겠어요. 항암제는 주시지 말고요. 목숨을 늘리지도 말아주세요. 되도록 일상생활을 할 수 있게 해 주세요.

그는 병원에서 돌아오는 길에 근처 자동차 대리점에 들러 그린색의 재규어를 샀다. 국수주의자였던 그가 최초로 외국 차를 샀다. 언제까지 살지 몰라 악착같이 저축을 했었지만 이제 그럴 필요가 없어졌다. 지금 그에게는 어떤 의무도 남아있지 않다. 아들은 이미 컸고 어머니는 2년 전에 돌아가셨다. 보고 싶은 DVD도 사들이고 죽는 날까지 좋아하는 물건을 쓰고 싶어 예쁜 접시를 주문하고 세련된 잠옷도 여러 벌 샀다.

살아 있는 사람이면 누구나 언젠가는 죽는다. 자신이 죽는다는 것은 상관없지만, 내가 좋아하는 친구나 가까운 이들에게 먼저 찾아올 때 그 의미를 갖게 되는 것이 죽음이 아닐까.

다시 창을 향해 앉는다. 이미 눈은 그쳐 있고 지붕이나 가지에 얹혀있던 눈은 이른 봄 날씨에 모두 녹아내리고 있다. 녹음이 싱그럽던 여름에 이사를 와서 노을 같은 가을을 보내고 이제 겨울도 파장이다. 곧 봄을 생면하게 되겠지. 나뭇잎과 대지가 날마다 조금씩 변해가며 자연은 다시 새 옷으로 갈아입을 것이다. 꽃과 새순을 밀어 올리느라 힘겨워하는 소리가 귀에 들릴 것만 같다.

이제 생활의 롤 모델도 생겼으니 무력감에서 벗어나 많지 않을 내 인생의 새봄을 맞이해야겠다. 이 창가에도 예쁜 꽃물이 들어가겠지.

(2015)

행복했던 순간

일생을 통해 가장 행복했던 순간이 언제였느냐는 질문을 요즘 들어 자주 받게 된다는 어느 노교수가, 행복했던 기간을 묻는 것인지 아니면 겪은 사건 중에 하나를 말해야 하는 것인지를 몰라 망설이며 한참을 생각한다는 글을 읽다가 갑자기 내가 받은 질문인 양 생각을 더듬어 본다. 내게 가장 행복했던 순간은 언제였을까.

특별할 것 없는 평범한 삶이지만, 뒤돌아보면 힘들었던 순간보다는 행복했던 순간이 분명 더 많았을 것 같은데도 지나간 기억들은 세월 속에 감동 또한 어렴풋하게만 느껴지는데 거침없이 다가서는 생각 하나가 있었다. 금년 초 손자가 서울대학교 경제학과에 합격했던 순간의 기쁨과 그의 입학식에서의 감동이 먼저 떠올랐다. 가장 최근의 일이기도 하지만, 자손들의 기쁨이 바로 부모에게는 무엇과도 견줄 수 없는 행복의 순간이 아니겠는가.

중학교도 수석으로 졸업을 했고 금년 유난히 난해했다는 국어시험도 괜찮게 보았다고는 했으나, 법대가 로스쿨이 된 뒤로 문과생 중에는 가장 점수가 높아야만 지원할 수 있는 과이니만큼 저는 태연했어도 우리는 걱정이 되었던 터였다.

3월 초라고 해도 아직은 겨울의 끝자락, 바람은 차고 쌀쌀하기만 한데 가슴속에서는 봄이 터질 듯 부풀어 올라 마치 훈풍이 부는 듯 설레었다. 11시 입학식에 맞추어 한 시간 전에 집을 나섰는데도 교통체증은 만만치가 않았다. 평생 강북에서만 살아왔는데도 신림동을 지나 봉천동에 이르기까지 어디가 어딘지 분간하기가 어려웠고 그 많은 차들이 모두 입학식을 가는 차량인가 싶기만 했다. 하긴 이곳은 경유만 했지 내려 본 적이 거의 없는 데다 둘째가 공대에 입학을 하고 입학식과 졸업식에 다녀간 지도 아득한 옛날이 되고 보니 그럴 만도 하다. 캠퍼스는 많이 변해 있었지만, 정문만은 TV에서 자주 본 탓인지 낯설지가 않았다.

입학식장인 체육관은 이미 초만원이었고 학사행렬 입장이 시작되고 있었다. 중앙에는 신입생들이 질서정연하게 정렬해 있었으며 좌우 스탠드에는 학부형들로 빈틈없이 자리가 채워져 있었다. 이 자리에 저들이 서기까지 혼신(渾身)의 힘을 다해 성원해주고 자랑스럽게 함께한 부모들에게도 큰 박수를 보내고 싶다. 우리는 이층에서 단상을 향해 섰다. 진학이라는 자신의 목표를 위해 힘들고 경직된 시간을 보내고 오늘 이 원대한 여정에 손자 여준이 그 출발점에 서 있다는 한량없는 기쁨에 감사하며 아들, 며느리에게도 다시 한번 수고했다는 말을 전하고 싶어진다.

여기 모인 학생들이 앞으로 이 사회를 이끌어 갈 중요한 역할을 해주기를 바란다는 총장의 축사를 시작으로, "가장 자유로운 탐구의 전당에 들어온 여러분이 이곳을 떠날 무렵에는 새롭게 얻은 배움을 날개 삼아 자유로운 정신의 소유자로 훨훨 날기를 바란다. 공동체를 이끄는 것은 주변에 자신을 도와주는 사람이 많다는 뜻이며, 자발적으로 자신을 도울 수 있게 만드는 것이야말로 리더의 능력이니 타인의 도움을 바라거든 자신 역시 남을 도울 줄 알아야 한다"는 리더의 덕목에 대한 환영사가 가슴 깊이 와 닿았다. 축사가 끝나고 이어서 음대 중창단의 축가가 시작되었다. 언젠가 올림픽에서 들었던 '난 할 수 있다' 는 노래가 식장 널리 울려 퍼진다. 깊고 부드러우면서도 활기에 넘치는 화음이 마치 시공을 넘나들며 학생들은 물론 여기 모인 우리 모두에게도 하면 된다는 긍정의 에너지와 생각의 혁명을 불어넣어 주는 듯했다. 나도 모르게 두 눈에 고인 눈물을 훔치며 이 나이에도 이런 감동을 느낄 수 있음에 스스로 감탄했다. 사 남매를 키우던 긴 세월, 이런 감동이 처음인 것도 아닌데 나이가 들어서인지 아니면 내리사랑 탓인지는 모르겠으나 소용돌이치던 그 순간의 감동을 잊을 수가 없다.

입학식 날인데도 2시에 교양과목 강의가 있다고 한다. 시내로 나와 점심을 먹은 후 다시 강의실 앞에 내려주고 교정을 한 바퀴 돌아본다. 한껏 우람해진 숲이며 장엄하게 우뚝 솟은 건물들의 수많은 강의실과 연구실 도서관, 이 거대한 도전의 전당에서 4년 동안 꿈을 키우고 지식을 쌓으며 보내게 될 손자. 강의실을 찾아 활보하고 있는 저 학생들과 함께 자신의 존재와 의미를 이해해 나아가는 과정에 도달했으니, 이제부터 다시 시작이다. 학벌이 중요해서만이 아니라 배움과 실력만이 앞길을 밝히는 유일한 빛이 될 것이라는 믿음으로 서로에게 자극이 되고 모범이 되어 자신의 목표를 만들어가면서 하루하루 진리를 향한 열정으로 채워가기를 바라며 교문을 나선다.

그사이 포근해진 오후에 교정은 사방에 봄기운이 감도는 듯하다. 소나무 숲을 건너오는 바람에서 머지않아 꽃눈을 틔울 듯 온기가 느껴지고 나목의 가지 끝에도 물기가 오르는지 유연해 보인다. 삼라만상(森羅萬象)이 우리를 배웅하며 서둘러 봄을 부르고 있다는 느낌은 나만의 착각이었을까.

남은 내 삶의 여정에 이와 같이 입학을 통해 행복을 느껴 볼 기회는 이제 막내 손자 하나를 남겨놓고 있다. 참으로 아득하고 긴 세월이다. 내후년 다시 한번 이런 기쁨의 순간을 여기서 맞이하게 되기를 희망하지만, 그때도 행복했던 오늘의 감동은 모두 잊고 그날의 감격만 서슴없이 떠올리게 될지라도, 유종(有終)의 미를 거두고 싶은 마음 간절하다.

(2019)

지도자의 길

구름 한 점 없는 싸늘한 하늘이 나를 춥게 한다. 추위를 느끼는 것은 하늘만이 아니라 마음인지도 모른다. 연일 거듭되는 뉴스로 모두가 허탈감에 빠졌다. 경제는 바닥이 나고 나라와 국민은 만신창이가 된 혼란 속에 전해진 덩샤오핑(鄧小平)의 사망 소식은 잠시나마 우리를 뒤돌아보게 한다.

13억 중국을 풍요로 이끈 그는 현대사에 커다란 획을 긋고 떠나갔다. 그는 개혁과 개방을 통해 고립된 중국을 국제사회에 강국으로 끌어올린 정신적 지도자였으며, '죽의 장막'을 거두어 중국을 21세기를 선도할 잠재적 강대국으로 변화시킨 지도자였다. 홍콩의 귀속을 130여 일 앞두고 유명을 달리한 그의 죽음을 애도하며 천안문 옆, 인민혁명 기념탑 앞에 모인 군중의 비통한 모습은, 짧은 임기 뒤에 감옥행인 두 전직 대통령과 한보 사건으로 수

렁에 빠진 우리에게 많은 것을 시사한다.

최근 발생한 안기부법과 노동법 개정의 변칙 처리로 사회는 어수선한데 한보 사태의 충격은 또 다른 파장을 몰고 왔다. 중소기업의 연쇄 부도와 자금 시장의 동맥경화로 피해 업체는 4천 개가 넘고, 하루 평균 19개의 중소기업이 도산한다는 소식이다. 그런 중에 12일은 황장엽 비서가 망명을 시도했고, 15일은 이한영이 총탄에 쓰러졌다. 종횡무진의 사고로 정신을 차릴 틈이 없다.

요즘 들어 설원의 스키장이나 콘도가 전례 없이 한가하고, 대형 식당들도 고객이 반으로 줄었다고 울상이다. TV프로 중, 쇼킹한 뉴스가 많아 인기 드라마의 시청률이 떨어진다는 암담한 현실 속에, 몇 천만 원을 호가하는 밍크코트가 잘 팔린다는 아이러니한 뉴스는 어떻게 받아들여야 할까. 평생 큰돈 한번 만져 볼 수 없는 소시민에게 매일 떠들어대는 '억 조' 라는 엄청난 숫자가 순진한 국민의 간만 키운 것은 아닐까. 순리를 등지고 삶에 오점을 남긴다 해도 눈이 어두우면 생생한 진리를 깨닫지 못하는 법이다.

4년 전, 30년 가까운 군정을 끝내고 문민정부를 맞은 국민의 기대는 참으로 컸다. 하늘을 찌를 듯한 위세로 변화와 개혁, 한국병 치유를 외치며 신한국 건설과 부정부패 척결, 국가 기강 확

립을 위해 내건 구호와 공약은 국민 90%의 열렬한 지지를 받았다. 이제야 복지사회에서 멋지게 살게 될 것 같은 기쁨에 가슴이 벅찼다. 평생을 민주화 투쟁으로 다져온 강인한 투지가 깨끗하고 참신한 새 정부를 만들어 낼 것이라고 믿었다.

꿈은 어느새 물거품이 되어 추락하고 있다. 국정 운영에 관한 정부의 대차대조표는 부실 운영과 부채뿐이다. 노동법의 파동과 파업, 납득할 수 없는 한보 사건으로 국가 기강은 흔들리고, 순리대로 살아온 국민들은 허탈감만 더해 간다.

조석으로 TV 화면을 가득 메운 얼굴들, 전직 대통령에 이어 은행장들과 장관, 국회의원 모두가 한결같은 죄목의 똑같은 얼굴이다. 입가에 흘린 미소는 사내대장부의 기백을 나타내고 싶은 것인지, 아니면 몸통도 아닌 깃털이 죄가 되면 얼마나 되느냐는 비웃음인지 알 수가 없다. 국민을 우롱하는 웃음 대신 침통한 표정이라도 지었으면 민망하지나 않으련만. 언제까지 이어질 악순환일까. 가난의 유산일까. 역사적 모럴은 자취도 없고 나만이 잘살겠다는 부도덕한 양심만 판을 친다. 국가가 흔들리는데 개인이 잘산들 무슨 소용이 있단 말인가. 세상에 태어나 대통령과 은행장, 장관과 그룹 총회장은 아무나 되는 것이 아니다. 이룩한 명예는 성공적인 삶을 말해주고, 가문의 영광과 더불어 존경과 흠모를 받을 터인데, 무슨 돈이 그렇게 필요했으며, 무슨 명예를 더 얻고자 발버둥 치는 것일까.

사과 상자에서 과일을 꺼내려다가 돈을 보고 놀랐을 가족의 모습을 상상해 보자. 그런 횡재가 제주도의 귤밭으로 둔갑하기도 하고, 수천만 원의 밍크코트로 바뀌지 않았을까. 그 엄청난 발상으로 나라를 돕는 데, 경제를 살리는 데 눈을 돌렸다면 오늘의 사태는 없었을 것이다.

이러한 소용돌이 속에 덩샤오핑의 죽음은 그들에게 어떤 시각으로 비칠까. 그는 5척 단구로 문화대혁명을 겪으면서 황폐해진 중국을 세계 11대 무역국으로 만들었으며, 치욕의 상징이던 홍콩과 마카오를 금세기가 끝나기 전인 7월 반환받기로 물꼬를 터놓았다. 주권 회복을 코앞에 두고 눈을 감는 순간까지 홍콩 땅을 한 번만이라도 걸어 보기를 갈망했다고 한다. 지도자의 꿈은 재산 축적이 아니라 그런 것이 아닐까. 파란만장한 정치 역정 속에 89년 천안문 사태의 유혈 진압이라는 오점을 남기기도 했지만, 전통과 개혁의 양단을 쥐고 달려온 그의 삶은 중국인의 가슴에 영원히 빛날 것이다. 유언대로 안구와 장이 기증되고 화장한 재는 홍콩 앞바다에 뿌려질 것이다. 고인의 소박한 장례 주문에 따라 검소하게 끝내겠지만, 온 국민은 그 슬픔을 저력으로 변화시킬 것이다.

미국의 33대 대통령인 트루먼은 임기를 마치고 모든 예우를 사양한 채 기차를 타고 고향으로 돌아갔다. 그 일화가 그를 영원한 미국의 대통령으로 만들었듯이 덩샤오핑은 중국인의 가슴에 큰 별로 남을 것이다.

난국을 극복하는 최선의 길은 성실과 진실이며, 슬기이고 지혜이다. 마음을 비우는 것은 모든 것을 비우는 것과 같다. 우리 모두가 한마음으로 혼돈의 에너지를 승화시켜 나가야 할 때다. 어느 글에서 정치가를 교향악단의 지휘자로 비유한 글을 읽었다. 훌륭한 교향곡은 유기적 질서와 절묘한 조화가 이루어내는 작품이며, 구성원의 역할이 다르고 각자 다른 소리를 내지만, 일사불란하게 연주할 수 있는 것은 지휘자의 통솔력 때문이라고… 정치가인 지휘자가 조화를 이루지 못하면 시끄러운 소리로 혼란된 상황만 야기된다.

덩샤오핑도 흘러간 역사의 인물로 곧 잊히겠지만, 93세는 적은 나이가 아니다. 애도하는 그들의 모습에서 우리의 현실을 반성해 보자. 권력의 뒷모습이란 쓸쓸하게 마련이지만, 재산 축적이나 일삼는 풍토를 없애고 단호한 통솔력으로 4년 전 그 감격의 순간을 되찾을 수는 없을까. 우리에게 임기를 끝내고 사저(私邸)로 돌아가는 대통령을 보고 눈물짓는 일은 상상 속에서만 가능한 것일까.

답답한 마음을 봄비가 적셔준다. 굳은 땅이 봄비에 깨어나듯이 푸른 세상을 기다린다.

(1996)

미소

지난해 겨울은 햇살처럼 포근한 미소로 매일의 아침을 열었다. 이른 새벽 눈을 비비며 나서는 운동 길에서 마주하는 환한 웃음에 졸음을 털어냈다. 그 여인은 젊고 예쁘지는 않으나 건강하게 그을린 얼굴에 늘 밝은 미소를 띠고 있었다. 눈이 마주치면 활짝 웃으며 목례를 하는 그의 얼굴을 보면 행복이란 단어가 떠올랐다. 어떻게 저처럼 한결같이 웃을 수 있을까. 고단한 삶에 불평도 있으련만 새집에서 살 희망이 그를 그토록 행복하게 만드는 것인지 그것이 늘 궁금했다.

그 여인을 만나기 시작한 것은 골목 모퉁이에 30평 남짓한 주택 하나가 헐리고 나서부터였다. 오랜 세월의 흔적을 하루아침에 날려 보내고 어느 날 공사가 시작되었다. 그가 전부터 그 집에 살고 있었는지는 몰라도 신축을 하는 집의 주인임은 확실했다. 이웃에게 불편을 주지 않으려고 공사장 주변을 항상 깨끗이 정리했으며 인부들이 오기 전에 모닥불을 피워 놓는 배려도 그의 몫이었다. 지하를 파지 않는 공사의 진척은 빨라서 삼사 개월이 지나자 건물은 형태를 갖추어나갔고, 방한복을 벗은 티셔츠 차림의 그가 짓는 미소는 더욱 상큼해졌다.

일 층에 상가를 곁들인 4층 건물이 거의 완공되어갈 무렵, 내겐 공연한 걱정 하나가 생겼다. 어서어서 아래층엔 발길이 빈번해질 가게가 들어서고 위층에는 예쁜 커튼이 나부꼈으면 좋겠는데 임대가 빨리 되지 않으면 어쩌나 하는 것이었다. 넉넉한 형편은 아닌 듯한데 그 밝은 미소에 행여 그늘이 질까 봐 두려웠다. 공사가 마무리되어가자 차츰 그 미소의 주인공을 대하지 못하는 날이 많아졌다. 그런 아침은 왠지 허전하고 쓸쓸했다.

미국 사람들처럼 인사를 잘하는 이들이 어디 또 있을까. 삼십여 년 전 일이다. 우연히 미국의 동 · 서부를 돌아볼 기회가 있었다. 관광지나 쇼핑몰, 주택가 어디서고 그들이 "하이!" 하며 웃어주는데 어떻게 인사를 받아야 할지 당황스러워 꾸벅하고 고개를 숙이곤 얼굴까지 빨개졌었다. 관광이 허용되지 않던 시절이긴 했지만, 흔치 않은 동양인이 신기해서도 아니고 내 인상이 좋아 보여서도 아니었을 것이다. 그것은 그들의 습관적인 생활이고 문화였다. 공연히 기분이 좋고 하루가 즐거웠다. 나도 서울에 돌아가면 그들처럼 먼저 웃으며 인사를 하리라고 마음으로 다짐했다. 무언가 한 가지라도 배워가고 싶었다. 거대한 자연이나 풍요로운 세상이 부럽고 주눅이 들기도 했지만, 정작 부러웠던 것은 사랑과 미소가 넘치는 밝은 사회였다.

뿌리 깊은 관습 때문이었을까, 아는 사람이 아니면 웃음을 지을 수가 없었다. 무표정하고 근엄하게 지나가는 사람을 보고 여자가 먼저 웃는다면 공연히 오해를 살 것만 같아 그런 용기도 내볼 수 없었다. 실천에 옮겨 보자던 자신과의 약속도 시간이 지나면서 점차 희미해지고 다시 예전의 모습으로 돌아갔다.

그러던 어느 날 전철에서였다. 젊은 남자가 밝게 웃으며 인사를 건네 왔다. 나도 따라 크게 웃었다. 이 사람도 전날의 나처럼 웃음을 생활화해보고 싶은가 보다 생각하니 기분이 좋았다. 그런데 어찌 된 일인지 합정역에서 시청역을 지나도록 그는 입을 다물 줄 몰랐다. 그는 정서 장애인이었던 것이다.

이제 서울은 세계적인 도시로 변모했고, 세상도 많이 달라졌다. 젊은이들은 서구의 문화를 받아들여 거리나 공공장소에서도 솔직한 애정 표현에 부끄러움을 모른다. 그러나 아직도 친절하게 웃어 주는 사람을 만나기는 쉽지 않다. 좁은 땅의 조밀한 인구 밀도, 경제적인 어려움과 혼란 속에서 웃고만 살 수 없겠지만 진정한 선진국이 되려면 그래도 좋은 문화부터 배워야 하지 않을까. 불만으로 가득 찬 얼굴은 한기마저 느껴진다.

언젠가 외국인 학교의 교사가 된 친구의 딸이 첫 출근을 하고 들려준 말이다. 하교(下校)하기 전에 선생님이 "빅 스마일!" 하면 모두가 입을 귀밑까지 벌리고 웃는다고 했다. 웃는 것을 생활화시키기 위한 교육인 것이다.

얼마 후 나는 살던 곳에서 이사를 했지만, 지금도 그 집 앞을 지날 때면 습관처럼 한참을 서서 바라본다. 아래층에는 가게 대신 창고로 임대를 하였는지 기계 부품들이 가득 차 있고, 위층은 모두 커튼이 드리워졌다. 미소를 잘 짓던 그 여인이 어느 층에 살고 있는지는 모른다. 그러나 한 가지는 알 것 같다. 이제 그의 미소는 저 건물 안에서 무수한 사랑과 화목으로 뿌리를 내리고 가까운 이웃들은 그가 짓는 웃음으로 사는 법을 배우고 있으리라고.

운동을 나서는 새벽길, 오늘도 그 여인의 미소가 그립다. 화창한 봄날 같던 그 환한 미소가.

(2000)

사회적 거리 두기

우리는 지금, 일찍이 경험해보지 못한 세상을 살아가고 있다. 코로나바이러스가 안겨준 사상 유례(類例)없는 사태로 전 세계가 흔들리고 평범한 일상이 파괴되면서 그 자리를 온통 두려움과 걱정이 차지하고 있다. 재난 상황은 단순한 생활의 변화에만 그치는 것이 아니라 국가 전체가 경제적 손실로 고통을 겪고 있으며, 게다가 사회적 거리 두기는 일상으로 가는 길마저 멈추게 한다.

사회적 경제, 사회적 가치나 사회적 이슈 같은 기업사례(企業事例)는 이제껏 듣고 살아왔지만 사회적 거리 두기라는 생소한 용어는 낯설기만 하다. 공적이거나 사적인 모임은 모두 무산되고 더구나 면역력이 약한 노인은 외출을 자제하다 보니 집에만 있는 날이 삼 개월은 지났나 보다. 공무가 아니니 큰 낭패는 아니지만, 가까운 친구를 지척에 두고도 100여 일을 만나지 못하다 보니 지나온 날들이 전혀 내 일이 아닌 남의 일이었던 것처럼 여겨진다.

전화 한 통이면 만남이 이루어지고 그 잠깐씩의 나들이가 얼마나 삶의 활력을 주는 그리움이었는지도 모르면서 살아왔다. 따뜻한 차 한 잔에 마주하던 환한 얼굴들, 별스럽지 않은 대화에도 시간이 가는 줄도 모르고 웃고 웃던 정겹던 시간, 그 모두가 기쁨이었고 그 잠깐씩의 나들이가 단순한 나들이만이 아니라 돌아오는 길목에 마트에 들러 장도 보고 저녁상을 준비하던 소소한 일들이 바로 즐거움이었으며, 만남과 소통은 희망의 충전이고 삶의 행복이었음을 이제야 알 것 같다.

우리가 지켜야 할 사회적 거리 두기는 2m이란다. 근접공간학(Proxemics)에서 인간관계의 공간을 4가지로 분류한다는데 우선 친밀한 공간, 개인적 공간, 사회적 공간, 공적인 공간으로 나뉜다. 여기에서 '공간'은 거리로 생각하면 되겠다. 정부가 시행하는 거리 두기는 일 관련된 관계로 만나는 120~360cm로, 강연이나 행사 등에서 가장 이상적인 거리에 속한다고 한다. 전무후무(前無後無)한 이 '비대면 사회'라는 국면에서 볼 때 사람과 사람 사이의 거리 조절은 필수이겠으나 아직도 아득하고 멀게만 느껴진다.

사회적 거리 두기가 가져온 일상의 변화는 그것뿐이 아니다.

석촌호수, 윤중로, 안양천, 안산 둘레길이 폐쇄되고, 상춘객이 몰리는 제주와 삼척의 맹방 유채꽃밭 1만 6000평을 갈아엎었다는 말에 가슴이 먹먹해진다. 그래서 요즘은 코로나가 가져다준 새 풍경으로 디지털 꽃놀이가 국경을 넘나드는 '랜선 꽃 감상' 으로 이루어지고 야외꽃놀이 대신 '방구석 꽃놀이' 가 유행이라 하여, 나도 베란다에 핀 서너 종류의 제라늄을 무료한 나날의 위안 삼기도 한다. 집 앞 새벽배송 품목으로 싱싱한 튤립 상자가 꾸준히 잘 팔린다는 뉴스에 이가 없으면 잇몸으로 산다는 옛말을 새삼 떠올리게 된다.

벚꽃을 위시한 봄꽃들이 찬란하더니 하나둘 지고 있다. 올해처럼 그 찬란함이 달리 보인 적도 없는 것 같다. 소월의 산유화에서의 그것처럼 '저만치 피어있는' 꽃을 그저 쓸쓸히 바라보게 된 기회였는데 어느새 창밖으로 지는 벚꽃 잎이 설화처럼 흩날린다. 신산(辛酸)한 마음에 낙화유수(落花流水) 네 글자가 절로 묻어난다. 전 세계가 병원이고 지구촌이 아비규환이다. 크게 앓으면 강해진다고도 하고 잃는 것이 있으면 얻는 것도 있다고 했다. 이 위기를 이겨내고 좌절도 낙망도 훌훌 털고 나면 모두가 더 강해지고 사랑과 우정도 더 돈독해지지 않을까. 공자(孔子)에 따르면 나이는 세월이 주는 게 아니라 세상이 주는 것이라고 했다. 젊은이는 자기 자신을 통해서 세상을 바라보지만 나이 든 사람은 세상을 통해서 자신을 바라보기 때문이다.

서로가 살갑게 만나며 살아갈 날도 이제 그리 길지 않다. 주위에서는 어제도 그제도 하나둘 세상을 떠나간다. 이렇게 모두가 떠나가는데, 이제 모두가 그럴 나이가 되어 가는데, 사회적 거리 두기는 언제나 끝날지. 조금은 완화되어 간다고는 하나 아직 방관하기에는 이르다.

오늘 아침에는 친구한테서 전화가 왔다. 5월 모임은 어떻게 할까 하는 전화였다. 5월 하순이라면 몰라도 중순까지는 조심을 해야 하지 않을까. 참는 김에 조금 더 사회적 거리 두기를 하다가 6월에 만나자고 했다. 그리운 마음에 아쉽기는 하지만 어찌하겠는가.

창밖은 벌써 5월이다. 봄볕에 나앉은 때 묻지 않은 잎들처럼 눈부시게 푸르른 하늘을 향해 발걸음을 시작할 날이 오기를 기다린다.

2020년의 봄은 이렇게 가고 있다.

(2020)

5월의 반성

5월의 반성

설정회 친구들

어떻게 마무리할 것인가

소나무 예찬

바하마 크루즈에서

머물다 간 자리

가족 여행

출판 그 후

난지도

그때가 전성기였을까

수정하기 어려운 기도

5월의 반성

〈5월의 반성〉은 지난해 한국일보에 〈삶과 문화〉를 연재했던 셋째가 쓴 칼럼 제목 중의 하나다. 사회적으로 이슈가 되었던 문제나 삶과 다양한 문화에 대한 깊은 통찰과 사색이 있는 글이었다. 제천 국제음악영화제 집행위원장을 맡았던 지난 5년간의 애환과 보람을 담은 글을 시작으로 〈논리와 실재〉 〈시대 유감〉 외에도 그 당시 카이스트 학생들이나 존경받던 교수까지 자살로 몰고 간 정신적인 고통에 대해 쓴 〈대학과 자살에 대한 생각〉 등 여러 글 가운데 맨 끝으로 5월을 맞이하고 자신을 돌아보며 쓴 반성의 글이었다. 우리는 다른 신문을 구독하고 있어 모르고 있다가 복사본을 받아 읽었다. 나는 그 글들을 묵상하듯 읽고 또 읽었다.

후회와 반성은 누구에게나 삶의 일부분이며 일상이다. 나이가 들어갈수록 더욱 그러하다. 부모님께 못다 한 효도, 소중한 가족과 주변 이웃들에게도 최선을 다하지 못했다는 후회가 아쉬움으로 남아 마음이 무겁다. 멀리 내다보는 안목을 진즉에 지녔더라면 얼마나 좋았을까 하는 때늦은 각성에, 아들의 글이 나를 일깨워주는 교훈처럼 와닿는다.

어제 아침은 느닷없이 어머니 꿈을 꾸고 잠에서 깨어났다. 예전의 모습 그대로 곱게 웃고 계셨다. 어머니에 대한 그리움으로 한동안 자리를 뜨지 못하다 신문 귀퉁이 두 줄 책 소개에 눈길이 멈췄다.

"어머니 모신 마지막 제주도 여행 때 아들은 차를 몰고 맛집을 찾아다녔다. 어머니는 무척 좋아하셨다. 기쁘셨던 진짜 이유는 아들이 운전하느라 술을 마실 수 없다는 것이었다. 아들은 고백했다. 어머니, 내가 잘나 성공한 줄 알았습니다." 글은 짧고 덤덤했지만 가슴이 찡하고 절절하다. 그런 어머니 이야기를 읽고 어머니 생각을 하며 한 주를 시작할 수 있어 행복하다는 소개였다. 나야말로 어머니를 뵙고 어머니 생각을 하며 아침을 준비하는 손놀림이 여느 날과 다르게 가볍고 상쾌했다. 그리고 나도 생각했다. 셋째도 칼럼을 쓴다고 진즉 알려 주었더라면 조간에 실려 오는 아들의 글을 읽고 얼마나 뿌듯한 하루를 맞이할 수 있었을까.

저 자신은 비록 대단한 일이 아니라고 생각했을지 모르지만 자식의 일이란 아무리 대수롭지 않은 사소한 일일지라도 부모에게는 감동이고 감격인 것을.

셋째의 글을 펼쳤다. 그는 이렇게 시작을 했다. "우리의 오월은 다양한 기념일로 가득하다. 어린이날, 어버이날, 스승의 날에 5·18 광주항쟁 기념일까지 의미를 되새겨야 할 날이 많다. 사회적인 이해관계와 생업에 바쁜 들뜬 마음을 잠시 떠나 잊고 사는 가치들을 생각한다. 소소하게 여긴 주변 일들 속에 삶의 본질적 의미가 담겨있다는 각성이 너무 늦었다. 차일피일 미루며 찾아뵈려 했던 스승과 어른들은 한 분 두 분 세상을 등지고 함께 모시고 여행을 가려던 부모님은 점차 여행 갈 기력을 잃으신다. 내가 추구하는 가치가 뭐 그리 중요해서 가까운 곳의 가치들은 뒤로하고 살아왔는지, 내 영혼은 삶의 맥락 없이 자기 목표만을 추구하는 기계처럼 느껴진다. 큰 목표를 이루어야 주변도 만족시킬 수 있다는 생각은 많은 성공 사례들이 떠받치고 있지만, 그렇게 얻은 가치들로 내 인생과 주변이 행복해지리라는 기대는 망상이고 타인과의 소통이 없는 자기만족이다."(이하 생략)

그러면서 작은 일에 정성을 다하지 못하는 몸과 마음을 가지고 그동안 무엇을 이루려고 했는지 되돌아본다면서 존경하고 사랑하는 사람들에게 하루하루 정성을 다하는 일이 정신의 수양이요, 더 큰 목표를 위한 초석이라 생각하니 내 인생은 진리의 바깥으로 너무 오래 표류했다는 반성과 더불어 마음이 조급해진다고 썼다.

맞는 말이다. 각성은 작던 것이 커 보이고 크던 것이 작아 보이는 가치의 역전이다. 그렇다고 큰 것을 포기하고 작은 것을 취하거나 작은 것을 버리고 큰 것을 버리는 선택이 아니다. 작은 가운데 큼이 있고 큼 속에 작은 것이 있다는 말이다. 삶에서 가장 소중한 것이 무엇인지 실행에 옮기지도 못하고 분주하게만 지나온 일상이 습관이 되어버린 내 삶을 되돌리기에 남은 시간은 너무도 짧다.

이제 5월도 멀지 않았다. 아들의 말대로 의미를 되새겨야 할 기념일로 가득한 달이다. 하지만 이제는 효도를 하고 싶어도 박인로의 시처럼 품어 가 반길 부모는 세상을 떠나시고 자식들은 어느새 50을 훌쩍 넘겼으니 베풀기보다는 그들의 울타리 안에서 보호받으며 늙어가고 있지 않은가.

세월은 이렇듯 쏜살같이 흘렀고 보석 같은 시간은 손에 쥔 모래처럼 빠져나갔다. 부족함에 자각에서 깨어나 삶에 대한 진지한 관심으로 돌아보니 인생은 이미 노을 속으로 저물어 가고 있다. 그래도 노을이 아름답게 느껴지는 것은 뒤늦게 찾아온 각성 때문인지도 모르겠다.

(2014)

설정회(雪停會) 친구들

취미에서 비롯된 단순한 사연이나 에피소드가 아니라 내게는 취미가 가져다준 특별한 선물, 바로 설정회 친구들과의 인연이다.

누구나 그러하듯이 나도 몇 개의 모임을 가지고 세상을 살아간다. 다람쥐 쳇바퀴 돌듯 그날이 그날인 일상에서 벗어나 모임이 있는 날은 친구들과 대화도 나누며 스트레스를 푼다. 젊어서처럼 활동 범위가 넓고 왕성하지는 못해도 몇 개의 모임은 여전히 건재하다. 혈연이란 내 의지와 상관없이 이어지는 것이나, 친구는 자신이 선택한 내 몫의 관계이니 유유상종(類類相從)하는 바로 나의 모습이기도 하다. 동창보다 가까운 오래된 이웃 친구, 성당 모임 외에도 글로 만난 동문은 내가 쓰는 장르가 수필이다 보니 특성상 많은 말을 나누지 않아도 사물을 보는 느낌이나 감정의 동일함에 가깝게 느껴지는 것도 사실이다. 그러나 내가 가장 아끼며 사랑하는 모임은 설정회이다.

눈 설(雪), 멎을 정(停)의 설정, 이는 45년 전 초대 한국 꽃꽂이 협회장으로 계셨던 고 김인순 선생님이 1급 사범을 마친 내게 지어주신 호다. 꽃이 좋아 취미로 꽃꽂이를 배우고, 결국은 연구실까지 열어 가르치면서 인연을 맺은 친구들이자 첫 제자인 셈이다. 첫 번째 팀이다 보니 자연 친분이 있는 지인들이 주축이 되었기에 더욱 정이 깊을 수도 있겠다. 요즘은 모든 생활구조와 주거가 현대화되어 꽃꽂이도 서구적으로 변했지만, 그 당시만 해도 공간의 미를 살린 주재에다 한두 가지 꽃을 부재로 마무리하는 동양 꽃꽂이가 선호되던 시절이었고, 목요일과 금요일 서초동 새벽 꽃시장을 드나들며 오전 오후로 네 팀을 가르쳤다. 그날 배울 작품을 꽂아 놓으면 꽃을 사랑하는 친구들이라 아름답다고 환호하던 지난날이 아직도 엇그제인 듯 귓가에 선명하다. 그렇게 이십여 년 가까운 세월을 보내고 나이가 들어 수필을 쓰기 시작하면서 헤어졌으나 목요일 오전반이었던 이 팀만은 아직도 만남을 계속하고 있다. 어디 모임뿐인가, 내 나라 유적지는 물론 가까운 일본, 중국에서 러시아, 유럽을 거치면서 그 오랜 세월을 서로 아끼며 겸손과 배려로 다져온 가슴 뿌듯했던 나날들, 핏줄처럼 살뜰한 우정을 어찌 잊을 수가 있을까. 그룹 대화방을 열어 필요한 정보를 공유하며 속마음을 나눌 수 있는 그들이 있어 외로울 사이가 없었고 결석은커녕 모두가 만날 날을 고대하며 살아간다. 옛말에 부모 팔아 친구 산다더니 맞는 말이다.

그러나 긴 여정에 아픔인들 왜 없었을까. 두 친구를 먼저 보내고 바닥없는 슬픔에 무너질 것도 같았지만, 시간은 그런대로 흘러갔고 남겨진 우리들의 아픔도 차츰 평정을 찾아갔다. 문득문득 함께했던 순간의 감정이 되살아나 지난 시간을 상기시켜주기 일쑤였으나 이제 우리들도 모두 노인에 이르렀다. 항상 목표가 앞에 있다고 생각하면서, 지금은 삶의 과정이며 더 확실한 내일을 위해 지나가는 시간들이라고 믿었는데 이제야 알 것 같다. 아름다운 꽃들도, 잠시 물들었던 고운 단풍도 시들면 그만이고 한때의 빛나던 재능도 소용이 없다는 것을. 계절이 바뀌면 우선 눈에 담아두는 지혜로 오늘을 사는 것이 가장 현명한 일이란 것도 말이다. 아직은 그런대로 친구들과 조우하며 세월을 보내고 있으니 아쉬운 것도 없지만, 이제 회원 모두 여든을 넘긴 지 한참이고 두 친구만 여든이 가까워졌으나 내 눈으로 보기에는 아직도 곱기만 하다.

한 친구는 10대에 만나 평생 곁에서 함께 80을 넘겼으니 동창이며 가족이자 분신과도 다름이 없으며, 한 친구는 약사이자 선배로서 항상 건강에 관한 지식과 정보로 우리를 살펴주고, 또 한 친구는 운동을 좋아해 젊은이 같은 몸매와 외모에도 수필을 쓰는 나보다 독서량이 많고, 다른 두 친구는 박꽃같이 흰 피부에 목련 같은 우아한 자태로 우리 모임 모두를 더불어 화사하게 만들어 준다. 우리의 총무, 나이가 제일 젊으면서도 맏이 같은 넉넉함과 유능한 능력을 지닌 멋쟁이, 내가 일찍이 그를 만나 한 몸의 지체인 양 의지하며 살아오고 있지 않은가. 또 어느 날은 곁가지를 친 화초를 여덟 개의 화분에 길러 가져온 친구에게 우리는 얼마나 환호를 했던가. 지금도 베란다에서 그의 따뜻한 마음처럼 곱게 꽃을 피우고 있다. 이렇게 서로 정서를 공유하며 배우고 터득하며 살아온 긴 세월이 얼마나 보배롭고 자랑스러운 시간들인지 모르겠다.

내일모레면 둘째 주 금요일, 설정회가 모이는 날이다. 카톡 소리가 나 열어보니 총무의 정감이 깃든 메시지다. “기다리던 모임이 다가왔습니다.”를 서두로 어디서 몇 시에 만나자는 문자가 뜬다. 순식간에 모두가 ‘넵’ 하는 화답으로 카톡 소리가 분주하다. 언젠가 둘째가 한 말이 생각난다. 어느 날이었던가. 다른 날에 비해 내 목소리가 밝게 느껴졌던지 "오늘 뭐 하셨어요?" 하고 물어서 "설정회 모임 갔다 왔지" 하니까, "그럼 한 달에 한 번만 만나지 마시고 이젠 두 번씩 만나세요." 하던 말이 왠지 고맙게 들렸다. 어미의 목소리가 밝으니 저도 기분이 좋은가 보다 하는 생각에서였을 것이다. 그러나 한 달에 한 번만이라도 모두가 밝고 건강한 모습으로 만날 수 있기를 바라면서 욕심 없이 하루하루를 보낸다.

이번 모임은 중국집이다. 맛있게 음식을 먹으며 못하는 술이나마 술잔을 높이 들고 설정회와 우리들의 영원한 우정을 위해 건배를 할 것이다. 반백의 머리, 젊지 않은 주름진 얼굴이나 모두의 밝고 환한 모습은 비길 데 없이 곱기만 하겠지. 그들의 모습에서 난 우리들의 남겨진 시간들이 결코 외롭지 않을 것이라는 확신을 하게 되리라는 믿음으로, 내일을 기다리며 잠을 청한다.

(2019)

어떻게 마무리할 것인가

우리 시대 최고의 지성 존 내쉬 교수가 세상을 떠났다. 수많은 경제학자, 수학자들에게 영감을 주었을 뿐 아니라 사회학과 자연과학에도 지대한 영향을 미치고 떠난 그의 삶은 한 편의 영화보다 더 드라마틱했다. 그의 죽음에 참으로 많은 생각이 교차한다.

스물한 살 나이에 주류 경제학을 반박하는 이론인 '내쉬 균형'이라는 크나큰 업적을 남기고 그는 왜 긴 세월 투병으로 시련을 겪어야만 했을까. 아니면 자기만의 세계에 갇혀서 살아온 삶이 오히려 자유롭고 행복했다고 말할 수 있을까. 지적 능력이 뛰어난 사람들이 흔히 겪게 되는 불우한 천재의 삶에 연민을 느낀다.

그가 프린스턴대 박사 과정에 진학할 때 모교의 지도 교수가 써준 추천서는 단 한 줄이었다. '이 학생은 천재다' 그 말을 증언

하듯 재학 당시 당대 최고의 교수들이 풀지 못하는 어려운 수학 문제를 술술 풀어내고, 요한 제바스티안 바흐의 곡을 휘파람으로 불며 토론하다 갑자기 강의실을 퇴장하는 기행으로도 유명했던 그가 정신분열증과 과대망상증에서 자폐증으로까지 이어져 30년간을 정신병원에서 보내야만 했다. 긴 투병 끝에 고통에서 벗어난 그에게 노벨위원회는 1994년 노벨경제학상을 안겨 주었으며, 이처럼 파란만장한 그의 삶이 기자 출신의 작가를 통해 『뷰티풀 마인드』라는 책으로 세상에 알려졌고 동명 영화로도 만들어져 아카데미 작품상과 감독상을 휩쓸기도 했다.

병에서 회복된 그가 다시 교수로 재직하면서 수학 편미분방정식 분야에서 획기적인 기여를 한 공로로 지난 3월 수학계의 노벨상으로 불리는 아벨상 수상자로 선정되어, 시상식에 참석하고 돌아오는 귀국길에 차가 가드레일을 들이받으면서 변을 당한 것이다. 도저히 이해할 수 없는 비극적인 사건이나, 감격의 기쁨에서 깨어나기도 전에 떠난 그가 이미 86세, 아내는 82세로 적지 않은 나이이다. 오래 산다는 것이 무슨 의미가 있을까, 병상에서 또다시 투병을 하기보다 기쁨의 순간에 나란히 천상으로 떠난 부부의 삶이 오히려 아름다운 생의 마지막이 아니었을까.

사람은 누구나 늙고 죽는다. 세상에 물 한 방울만 한 존재감 없이 살아 온 사람도, 이처럼 비범한 업적을 남긴 사람도 과정은 다르지만 죽음을 맞이함에는 가차가 없다. 모든 것은 허물어지고 변해가기 마련이다. 노화는 인간에게 주어진 운명이며 언젠가는 혼자 살 수 없는 순간이 찾아오지만 그렇다고 섣부르게 희망을 버릴 수는 없다. 도전과 실패를 반복하며 사는 것이 인생이라면 나를 지키는 자존감도 고통과 좌절을 받아들이며 시작되는 것일 테니까. 치료만이 전부가 아닌 좀 더 나은 삶을 살다 가고 싶은 것은 인간 본연의 자세이며 누구에게나 공통적인 과제일 것이다. 그러나 현대의학은 생명의 연장만을 위해 노력할 뿐, 삶의 소중함과 가치 있는 삶을 도와주는 일에는 관심이 적은 것은 아닐까. 외로움이나 무력감에서 벗어나 취미나 재능을 살려가며 비록 보잘것없는 작은 일일지라도 자기가 하고 싶고 즐길 수 있는 일들로 완만한 경사길을 만들어 그 길이 바로 자신의 인생을 제대로 마무리할 수 있는 과정이 되었으면 좋겠다.

하지만 존 내쉬 교수처럼 세상에 업적을 남기고 공헌을 할 수 있는 사람은 한둘이다. 그저 평범한 삶 가운데서나마 자신이 가진 능력으로 주위에 사랑을 베풀며 살 수만 있다면 그래도 괜찮은 삶이 아닐까. 맛이 좋은 식당이나 풍광이 아름다운 곳을 지나면 친구가 그리워 만날 날이 기다려지고 가끔은 별식이라도 만들어 가족들에게 기쁨을 주고 싶어 잊어버린 레시피를 찾아보려고 잠이 오지 않는 밤 요리책을 뒤적이는 자신의 모습도 애정의 눈을 갖고 본다면 대견할 수 있겠다.

이런 것들이 쌓여가며 만들어지는 것이 우리네 인생이다. 똑같은 하루를 살아도 어떤 사람은 보다 좋은 생각과 큰 꿈으로, 어떤 이는 작은 일에 감사하면서, 또 어떤 사람은 과한 욕심으로 불편하게 살기도 하지만 이 모두가 온전히 자신이 선택한 자기 몫의 삶으로 이어지는 것이리라. 그러면서도 어느 날 갑자기 모든 것이 정지되어버린 느낌, 때로는 갖고 있던 에너지가 모두 소진되어 문득 그대로 멈춰지고 일상에 속도에 밀려 저만치 뒤처진 듯한 느낌이 들 때도 있지만 어찌하겠는가. 지금 이대로의 모습에 만족하며, 운동이 부족한 자신을 자책만 하지 말고 행동으로 옮기는 아량도 베풀면서, 내일은 몸과 머리를 써가며 종종걸음으로 맛있는 음식을 만들어 보자. 이것 또한 내 나이에 걸맞은 운동이 아니겠는가. 이렇게 살다 가자.

재료를 준비하려고 나서려는데 전화벨이 울린다. 음식 맛이

꽤 괜찮은 맛집을 찾았으니 내일은 점심을 함께하자는 친구의 전화다. 친구가 먼저 선수를 친다. 그도 나와 같은 생각을 하며 살고 있음이다.

이런 소소한 작은 일들이 바로 삶의 아름다움이라고 생각하자. 길지 않을 남은 삶 누군가를 그리워도 하고 이웃과 가족에게 작은 즐거움을 베풀면서 가끔은 짧은 여행이라도 준비해 보자. 다시 오지 않을 이 계절을 즐기면서 지난날을 추억하며 살다 떠날 수만 있다면 그나마 괜찮은, 내가 원하는 방식의 삶의 마무리가 아닐까.

(2015)

소나무 예찬

소나무를 바라본다. 무표정해 보이기는 해도 볼수록 정이 들어 간다. 어스름한 새벽안개 속에 깨어나는 모습은 한 폭의 수묵화(水墨畵)고, 달빛 고즈넉한 정적에 묻힌 모습 또한 그러하다. 소나무는 기품과 서기(瑞氣)를 지녔다. 여름 한낮의 기온이 30도를 넘는 무더위에, 세상에 존재한 모든 사물이 파김치처럼 후줄근해도 소나무만은 푸른 침을 꼿꼿이 세우고 하늘을 향해 굽힐 줄 모른다.

휘어질 듯 휘영청 솟아오른 가지는 하늘에 크고 작은 파란 우산들을 펴고 유유자적하고, 대문을 향해 늘어진 가지는 제 몸을 틀어서 커다란 그늘을 만들어 준다. 키 작은 소나무들도 다홍 고추를 말릴 만한 맷방석 한두 개쯤의 그늘을 만든다. 나무 둥치의 검붉은 표피는 거북이 잔등 같고 때로는 구렁이가 감아 오르듯

섬뜩해 보이지만 고독과 인내의 품격이 배어 있다. 계절의 변화도 모른 채, 온갖 새들의 놀이터가 되어도 탓할 줄 모르는 너그러움이야말로 강자가 지니는 덕성이 아닐까. 이렇듯 나무 중 귀골이면서도 오만한 기색이 없다.

설악의 만추(晩秋), 오색 물감을 풀어놓은 듯 황홀한 빛깔 속에 독야청청 푸르던 소나무, 백운동 자락, 영비봉 기슭에 안향의 소수서원과 우암 송시열 서원, 송림 수려한 계곡의 정적은 인간이 범할 수 없는 정기와 빼어난 인품이 교감한 자취마저 느끼게 했다.

예로부터 자연과 교감하며 살아온 인디언들도 기운이 달리면 숲속으로 들어가 양팔을 벌린 채 소나무에 등을 대고 그 기운을 받아들였다고 하지 않는가.

상록 교목인 소나무는 북반구에 백여 종이 분포되어 있으며, 한눈에 두 잎씩 모여 나는 암수 한 그루며 꽃은 단성화로 5월에 핀다. 자세히 들여다보면 수꽃 이삭은 긴 타원형의 누른빛이며 암꽃은 달걀 모양의 자줏빛이 돈다. 꽃가루와 송진은 식용이나 공업용으로 쓰이며, 솔잎 추출액으로 만든 음료 또한 다양하다. 서구 입맛에 길들어 가면서도 자연식품에 대한 동경은 우리의 본

능인지도 모른다.

추석 한가위, 갖가지 문양을 넣어 만든 노란 송화다식, 햅쌀로 빚어 솔잎을 깔고 찐 송편, 구절판에 담긴 솔잎에 낀 잣은 전통적인 우리의 다과상이다. 조상들의 격조 높은 음식 문화의 안목을 헤아릴 수 있다.

계절 따라 새 옷으로 단장하는 활엽수가 계절의 표상이며, 풍요롭게 익어가는 열매는 가을의 정취를 더해 주지만, 적지 않은 일거리도 만들어 준다. 그러나 소나무는 사람을 귀찮게 할 줄도 모르며 묵묵히 집념의 화신인 양 선정의 자세로 자리를 지킬 뿐이다.

가끔 우리 집의 위치를 설명해야 할 때, "우리은행에서 왼쪽으로 내려서면 좌측에 어린이 놀이터가 있고 우측에는 소나무가 많은 집입니다." 하고는 소나무를 특징으로 설명할 수 있는 내 집. 가끔은 우리만이 공유하며 살던 지난날이 그립기도 하지만, 아직 여기 살고 있음에 감사한다.

말복이 지났으니 가을도 문턱이다. 가는 여름이 안타까워서인지 매미와 쓰르라미 소리가 극성이다. 저녁나절 소나기로 수액을 얻은 나무들은 싱그럽게 살아나고 초록빛 우산은 더욱 푸르다. 일상에 떠밀리는 바쁜 가운데서도 소나무를 바라보는 시간은 늘어간다. 이렇게 철 따라 피는 꽃과 수목이 없다면 세상은 얼마나 삭막할까.

서쪽 하늘을 붉게 물들였던 노을이 스러지자 소나무가 비상하듯 뭉게뭉게 피어오른다. 오늘도 소나무를 바라본다. 무심과 여유를 닮기 위해 오래오래 바라본다. 이양하의 〈나무〉라는 글이 머리를 스친다.

"나무는 훌륭한 견인주의자요. 고독의 철인이요, 안분지족의 현인이다."

(1995)

바하마 크루즈에서

선생님,

플로리다 동쪽에 위치한 캐나비얼 항(canavial port), 케네디 스페이스 센터가 바로 근접해 있는 유람선 선착장입니다. 여행을 떠나기 참으로 좋은 계절인 것 같습니다. 미국을 상징하는 우람한 곡선의 오크 트리(Oak Tree) 사이에 하늘을 찌를 듯 높고 곧게 자란 해송의 숲은 섬처럼 우뚝하고, 이러한 초록 속을 헤집고 하얗게 피어난 꽃들이 구름처럼 부풀어 사위가 온통 눈이 부십니다. 플로리다의 봄이 가장 아름답다는 말은 틀리지 않은가 봅니다. 참 인사가 늦었습니다. 건강은 여전하시겠지요? 벌써 서울을 떠난 지 두 달이 되어 갑니다.

도시를 연결해 주는 페리나 금강호가 승선 경력의 전부인 제게 판타지(Fantasy)호의 위용은 대단했습니다. 우선 위압감이 느껴지더군요. 세 시간을 달려온 둘째 내외와 손자들을 뒤로하고 승선을 하는데 마치 신대륙에 도전하는 용사처럼 기쁨보다 두려움이 앞섰습니다. 얼떨떨한 가운데 출입국 관리소를 거쳐 V25의 방 번호를 받고 여장을 풀었습니다. 넓은 유리창 밖으로는 대서양의 푸른 파도가 일렁이고 발코니 창문 사이로 불어오는 바닷바람에 커튼이 살며시 흔들리고 있었습니다.

출항 시간은 아직 멀었는데 배 안에는 벌써부터 수영하는 사람, 먹고 마시는 사람들로 분주했고, 2개의 전망 엘리베이터와 4개의 일반 엘리베이터는 수없이 승객을 실어 나르고 있었지만 모두가 백인들뿐이군요. 그러나 지구촌 어디를 가도 한국 관광객은 넘쳐나고 있음을 알기에 2천 명에 가까운 승객 가운데 한국인이 한 명도 없으리라고는 생각지 않습니다. 대형 식당에서 두 차례로 있을 만찬 시간을 기대하며 방으로 들어서는데 기적 소리도 내지 않고 7만 톤의 육중한 몸이 미끄러지듯 출범을 시작했습니다.

안내된 좌석에는 세 쌍의 노부부가 벌써 앉아 있었습니다. 여행하는 동안 우리와 함께 지낼 사람들인 모양입니다. 한국에서 왔다고 하니 모두 깜짝 놀라면서 미국에 살고 있는 한국인이냐고 묻더군요. 멀리서 오긴 온 모양입니다. 미시간과 서부에서 왔다는 부부는 어느새 십년지기나 된 듯 호들갑을 떠는데 꾸어다 놓은 보릿자루처럼 앉아서 그들 이야기에 귀 기울이기보다 어디 한국 사람이 없나 두리번거리느라 모처럼 먹어 본 아보카도 수프도, 진기한 해물 요리의 맛도 제대로 음미하지 못했습니다. 후식으로 레몬 셔벗을 먹고 일어나 "굿나잇!"을 되풀이했지만 어쩐지 뒷머리가 뻐근한 게 혈압이 오르는 것만 같았습니다. 순간 잘못 온 게 아닌가 하는 생각이 미치자 자신이 한심하게 느껴지더군요. 한국인을 만난다고 여행이 달라지는 것도 아닌데 말입니다. 그간 이질적인 언어의 리듬으로 겪은 소외감 때문인지 구수한 우리말을 자유롭게 구사하고 싶었던 모양입니다.

프리 포트(Free Port)입니다. 진홍의 유도화와 노란 미모사가 남국의 열정을 토해내고 있습니다. 정돈된 도시는 아니지만 석회석처럼 곱고 흰 모래사장과 에메랄드 같은 물빛이 압권이었습니다. 플랑크톤이나 물새들의 그림자까지 비추며 바다는 온갖 색깔을 화려하게 뿜어내고 있었습니다. 그러나 원시의 신비를 간직한 섬에 즐비한 주류 면세점이나 보석상들은 어울리지 않았으며 차라리 재래시장에서 흑인의 거무튀튀한 손으로 만드는 텁텁한 망고 주스나, 일 불짜리 열대 과일 조각들이 오히려 마음에 들더군요.

선생님, 관광을 끝내고 들어서다 놀라서 그만 계단을 헛디딜 뻔했습니다. 좀 전의 핫팬츠나 비키니 수영복은 사라지고 완전히 영화 〈타이타닉〉에서 본 만찬장으로 변해 있었습니다. 참으로 장관이더군요. 턱시도나 정장, 눈부시게 반짝이는 비즈의 이브닝 드레스를 입은 남자와 여자들은 모두가 은막의 배우 같았습니다. 선장이 초청하는 칵테일파티에 이어 오늘 만찬은 정장 차림을 해야 한다는 것을 알았지만, 파티복이 따로 없는 우리에게는 아득한 거리감이 느껴지더군요. 물론 드레스를 대여하는 곳도 있었지만 그러고 싶지 않았습니다. 한복이나 한 벌 가져왔더라면 좋았을 텐데 원피스 차림의 내 모습이 초라하고 볼품이 없더군요. 식사를 하면서도 그윽한 눈빛으로 마주 보며 키스를 해대는 그들 가운데 우리 부부는 완전한 이방인이었습니다. 만찬이 끝나자 배와 일몰을 배경으로 사진을 찍는 그들의 늘씬한 체격과 큼직한 윤곽, 거기에 우뚝 솟은 콧날이 그들의 자존심을 한껏 높여 주는 것 같아 한없이 부럽고 자꾸만 왜소해지는 느낌을 떨칠 수가 없었습니다.

나소(Nassou)는 뉴프로비던스섬의 북동 해안에 있는 항구 도시로 세계적인 휴양지입니다. 지명은 영국 왕 윌리엄 3세의 가명에서 따 1690년대부터 불리게 되었다고 하며 1729년까지도 도시 계획을 하지 않았는데 지금은 유럽을 방불케 하는 아름다운 도시로 보석상들과 세계 유명 브랜드가 줄을 잇고 있습니다. 이곳에 별장을 가진 세계적인 부호나 관광객이 아니면 그림의 떡일 텐데 말입니다. 원주민의 대부분은 흑인이지만 선착장에 그득한 영국, 미국, 파나마 국적의 유람선들을 보니 이해가 가더군요.

기후는 온화하고 본래의 시역(市域)은 작지만 유명한 건축물인 성채가 세 곳이나 되며, 파라다이스섬에는 마이클 잭슨이 공연했다는 대형 호텔과 카지노, 골프장과 별장들이 해안을 따라 멀리까지 뻗어가며 그림처럼 떠 있었습니다. 지상 낙원이 바로 이런 곳인가 하는 생각이 들었습니다.

상가에는 중국의 자수로 된 수예품과 옷들을 파는 대형 매장이 서너 개나 있었으며, 일본의 많은 중고차들이 콜택시로 성업(盛業) 중이었습니다. 한국의 상품은 전혀 눈에 띄지 않았습니다. 우리의 고유한 상품도 선보이면 외교에도 도움이 될 텐데 말입니다. 관광을 하면서도 내내 생각이 거기에 미쳤습니다. 이렇게 많은 관광객이 오는데 한국어로 안내하는 차가 한 대만 있어도 얼마나 좋을까. 신경을 곤두세워야 한두 마디 알아듣는 말에 앞에

서서 귀를 바짝 대보지만 답답한 건 여전하더군요. 그래서 한국 관광객이 없는지도 모르겠습니다. 그러나 남국의 하늘과 물빛이 너무 고와 답답함도 투명한 바람에 날려 보내고 이 섬에 올 수 있었던 행운에 감사하기로 마음을 바꾸었습니다.

오늘 밤 브로드웨이 쇼에서는 〈오페라의 유령〉을 관람했습니다. 오래전, 뮤지컬에서 주연을 맡았던 '크리스틴 다에' 만큼의 목소리를 지닌 가수는 아니지만 망망한 대해에서 듣기에는 손색이 없었습니다. 12시에 마술쇼가 끝나고 나면 파스타 페스티벌이 있다지만 그 흔한 음식도, 주체할 수 없는 풍요로운 문명의 이기도 다 누릴 수가 없군요. 체력도 문제지만 많이 먹고 놀아본 사람들만이 가능한 모양입니다.

카리브해(Caribbean Sea)를 지나 다시 대서양으로 긴 항해가 시작됩니다. 바다가 크다는 느낌이 뿌듯하게 차오르면서, 시야를 가로막는 섬 하나 없는 수평선이 직선이 아니라 좌우가 반원으로 휘어져 지구가 둥글다는 것을 새삼 느끼게 됩니다. 밖으로 나갈 수 없는 오늘은 이름 그대로 'Fun Ship' 이 되나 봅니다. 수영, 에어로빅, 댄스, 노래자랑, 골프, 탁구, 장기 자랑의 종류도 다양합니다. 저희는 조리실을 공개하는 종목을 신청했습니다. 일주일의 부식 양은 상상을 초월케 했습니다. 달걀이 만4천 파운드로 으뜸이고 육류와 생선, 꽃의 구입 양도 엄청났습니다. 넓은 대륙만큼이나 그들의 저력이나 물질 모두가 풍부하다는 생각이 들었습니다.

선생님, 짧은 여행이었지만 세상은 넓고 배울 것은 끝없이 많다는 생각이 들더군요. 말을 시작하면 쏟아지는 질문이 두려워 모른 체해도 등을 톡톡 치며 오늘은 어떠했냐고 물어옵니다. 오랜 역사와 전통도 없이 많은 인구 중 소수의 두뇌가 이끌어간다는 미국이지만, 그들의 여유와 미소, 질서를 지키는 문화는 언제 보아도 부럽습니다. 두려웠던 순간들도 시간이 지나자 느긋해지며 가족처럼 가까워지더군요. 이 모두가 새로운 풍물이 주는 자연과 넓은 세상에서 배우게 되는 음덕이라 생각했습니다. 바다가 베풀어주는 휴식과 여유, 가슴으로 읽은 아름다운 풍광, 여기저기 기웃거리며 보고들은 이야기들로 뭔가 근사한 편지를 쓰고 싶었지만 잘되지 않는군요. 비둘기가 사열을 하듯 갑판 위를 맴돌고 있습니다. 육지에서 여기까지 날아올 리는 없고 저희와 같은 배의 가족인 모양입니다.

바다는 여전히 거대한 침묵으로 정지된 듯 흘러갑니다. 돌이

켜보니 언어의 장벽이나 다른 인종과 문화가 주는 이질감에서 오는 외로움이 아니라 인간은 원초적으로 고독한 존재임을 드넓은 바다가 깨우쳐 준 모양입니다.

선생님, 어제 서울에 전화를 했더니 황사로 초등학교가 휴교라는 말을 들었습니다. 저 혼자만 투명한 대기 가운데 있음이 너무 죄송합니다. 건강 조심하시고 뵐 때까지 안녕히 계십시오.

(2002)

머물다 간 자리

늦은 석양의 오후, 습관처럼 창가에 기대어 밖을 내려다본다. 햇빛이 물러가고 사위가 적막하게 가라앉는 시각, 집으로 향하는 발걸음들이 분주하다. 곱던 잎새들을 모두 털어내고 나목으로 선 은행나무, 그 성긴 가지 탓인지 길 건너 건물 옥상의 쓰레기가 더욱 황량해 보인다. 바람은 있는 것 같은데 포도 위에 깔렸던 잎들은 어느새 빗질을 한 듯 청결하다.

겨우 한 살이를 하고 떠나간 자리도 저리 깔끔한데, 오랜 세월 정붙이고 살아온 저 건물은 왜 저렇게 보기 흉한 쓰레기를 그대로 두고 떠난 것일까.

계절의 가을 속에는 인간의 가을도 함께하고 있어서인지, 요즘 들어 부쩍 마무리에 대한 생각을 자주 하게 된다. 내가 머물다 간 자리는 어떤 자리일까. 지금 내가 낙엽을 아쉬워하듯, 나도 어느 누군가에게 작은 그리움으로 남을 수는 있을까. 아니면 흔적도 없이 바람처럼 왔다 간 빈자리가 될까.

살아있는 모든 것은 때가 되면 생을 마감한다. 누구도 거역할 수 없는 생명의 질서이며 삶의 신비이다. 만약 죽음이 없다면 삶은 그 의미를 잃게 될 것이다. 물론 산, 강, 나무들처럼 영원불멸의 것도 있지만, 생성(生成)과 소멸(消滅)의 질서 안에 묻혀 있는 유한한 존재인 우리는 한때 머물다간 모두 떠난다. 만남과 이별은 잠시 우리에게 주어진 덤일 뿐이다. 그러나 이왕에 왔다 가는 길, 있어도 좋고 없어도 그만인 덤이 아니라, 있으니 더 좋은 덤으로 살다 가면 좋겠다.

이러한 일련의 생각들은 계절 탓이기도 하지만, 앞 건물의 쓰레기 더미로부터 시작된 현상인지도 모른다. 커튼만 열면 제일 먼저 눈에 띄는 저 보기 흉한 쓰레기, 아마 봄이 시작될 무렵이었던 같다.

정확히 기억하기는 어렵지만 사월의 어느 봄날, 앞 건물이 봄맞이 대청소를 시작했구나 생각했다. 6층 건물 옥상으로 쓰레기가 산처럼 쏟아져 나와 있었다. 서로 일깨워가며 더불어 살아가는 세상에서 그날 그 건물로 인해 자극을 받았다. 가까운 날을 잡아 겨울옷을 세탁물과 분리하고 봄옷을 정리하며 대청소까지 끝냈다. 할 일을 다 한 기분이 날아갈 듯 상쾌했다. 그런데 어찌 된 일인지, 앞 건물 쓰레기는 봄이 다 가도록 그대로 방치된 상태였다. 아무리 큰 살림이라곤 해도 저럴 수는 없었다. 여름이 가고 가을이 왔지만, 쓰레기는 여전히 긴 장마에 젖었다가, 뙤약볕에 마르기를 되풀이하면서 볼썽사납게 변해갔다.

그러던 어느 날, 로터리를 벗어난 반대편으로 새롭게 단장을 끝내고 이미 업무를 시작한 그 건물과 마주했다. 나는 순간 누구에게 배신이라도 당한 듯 기분이 상했다. 도시계획으로 언젠가는 대규모의 아파트단지가 조성된다는 사실을 알고는 있었지만, 반세기를 이어온 터전을 새 건물로 이전한다고 해서 저렇게 하고 떠날 수는 없는 일이 아닌가.

건물 옆 벽면에는 여전히 '합정 4지구, 심의위원회 통과' 그리고 새 건물에서 새롭게 모시겠다는 현수막이 펄럭이고, 주인 잃은 사무실 유리창에는 아직도 커튼이 드리워져 있다. 다행히 옥상의 쓰레기 더미는 아래서는 보이지 않는다.

미혼모에게 버려진 어린 생명을 위탁모를 통해 양육해 좋은 양부모와 인연을 맺어 국내나 국외로 입양 보내 주는 보람 있는 일을 하는 사람들을 늘 곁에서 경외와 존경으로 보아왔다. 오늘은 어떤 어린이가 어느 좋은 부모를 만나 어디로 떠날 것인가, 건너다보며 상상의 나래를 펴보기도 했는데…

오래전부터 봉사단체에 몸을 담고 있는 나지만, 봉사를 생활화하기는 쉬운 일이 아니다. 그래서 내가 그 건물에서 일하는 사람들에게 남다른 애정을 가졌었는지도 모른다. 그뿐인가, 종종 한국을 방문하는 미주회원들을 보면 대부분 2박 3일의 짧은 일정에도 관광보다는 입양을 주선하는 아동복지회나 장애자를 위한 단체의 방문이 스케줄의 우선이었다. 저 건물로 그들을 안내하면 입양(入養)한 아이들의 사진과 함께 어김없이 금일봉을 전달하는 모습에 왠지 부끄럽기까지 했는데 아무리 아름다웠던 것들도 사연을 잃으면 처연해지기 마련인가 보다.

저 쓰레기 더미 속에 입양 간 아이들의 서류가 있는 것은 아닐 테지만, 혹여 먼 훗날 가족을 찾아 한국에 왔을 때 분실된 어느 한 가지 서류 때문에라도 연고지를 찾지 못하는 일은 없었으면 좋겠다.

비록 순간을 살다가는 삶이지만, 아름다운 마무리는 지나온 인생 못지않게 중요하다는 생각을 해 본다. 어느새 한 단계씩 낮아지는 음계처럼 어둠이 낮과 밤의 경계를 지우고 있다.

(2009)

가족 여행

가족 여행 사진을 본다. 삼복더위에 여행이었으나 가족들의 표정은 더위에 지친 모습이 아니라 모두가 오월 훈풍인 듯 밝고 상큼하다.

지난여름 더위는 참으로 길고 유난했다. 연일 34-5도를 오르내리는 폭염에 노약자는 외출을 금하라는 경고였지만 우리 가족의 여행은 더위의 한복판인 7월 22일부터 26일까지였다. 방학을 이용해 외국에서 온 딸네 가족이 함께할 수 있는 기회였기 때문이다. 할아버지와 할미인 나, 그리고 사 남매 내외와 아홉의 손자 손녀, 유일한 손부 재령이, 이렇게 20명이 현재 우리 가족이다. 서로 바쁜 일정을 미루고 배려해 한 사람도 빠짐없이 전원이 참석한 여행이었다. 처음 여행을 계획한 큰며느리는 내 생일인 가을에, 사 남매 다 같이 짧은 크루즈 여행을 해볼 생각이었으나 방학이 아니면 딸네 가족이 다시 올 수도 없고, 게다가 셋째의 큰아들이 고3이라 그 또한 어려운 일이고 보니 온 가족이 함께할 수 있는 여름에 우선 국내 여행을 시도한 모양이다.

목적지는 용평의 버치(birch)힐이다. 폭염이기는 해도 미세먼지 하나 없이 맑고 청명해 먼 산자락이며 푸르른 나뭇잎들은 투명하게 반짝이고, 파란 하늘은 비 갠 날 물빛처럼 고왔다. 휴가철인 주말인데도 교통은 비교적 원활해 어느새 횡계를 지나 용평으로 들어섰다. 지난날 스키를 탄다고 자주 드나들던 곳인데도 어디가 어딘지 모르게 많이 변해 있었다. 흐르는 세월은 흔적들을 지우며 사라져 가고 멀어진 여운만이 귓가에 남아있나 보다.

자작나무 언덕에 자리한 콘도 버치힐, 둘째 아들네와 딸네 가족이 도착해 정리를 하고 있었다. 대형 냉장고에는 어느새 오래 살던 집처럼 먹거리와 와인들로 가득 차 있고, 오늘 저녁은 집에서 먹는다더니 횡성에서 한우를 부위별로 사 온 모양이다. 곧이어 셋째네 가족이 들어서고 이제 일본 출장에서 돌아오는 큰아들과 함께 올 장손 내외만 남았다.

동생들을 데리고 용평을 한 바퀴 돌아온 두 손자가 팔을 걷고 능숙한 셰프처럼 고기를 굽는다. 언제 저렇게들 컸을까. 와인을 곁들인 고기의 맛은 일품이고, 웃음소리 이야기 소리 끊이지 않는 가운데 장손 내외가 아버지와 함께 들어선다. 남편의 뒤를 이어 대가족을 이끌고 있는 큰아들, 긴 여로에도 피곤한 기색이 없다. 저녁은 먹었다고 하면서도 술은 사양하지 않는다. 밤은 깊어가고 청청한 하늘에는 별빛이 유난히 총총하다.

둘째 날 아침, 큰며느리는 가을 여행을 맡고 이번 여행의 주관은 둘째라더니 간편한 복장에 배낭을 멘 모습이 리더답게 상쾌하고 곱다. 아점으로 황탯국을 먹은 후 두 팀으로 나뉘어 어른은 곤돌라로 정상에 오르고 아이들은 큰손자가 인솔해서 산악바이크와 볼링을 한 다음, 2시에 다시 만나 주문진으로 이동한단다. 그곳에서 점심을 먹고 돌아와 7시에 가족 오락회를 연다는 오늘의 일정을 발표했다.

넓은 홀 중앙, 대형 식탁에 20명의 좌석이 준비되어 있었다. 식당 주인은 교회 연수나 학생 동아리인 줄 알았다면서, 이렇게 많은 가족이 함께 여행하는 것은 보기 힘들다며 계란말이며 황태 식혜를 가져다준다. 그도 나이가 들었음인지 대가족이 어울린 모습이 좋아 보이나 보다. 식사를 끝내고 손주들은 놀이터로, 우리는 정상에서 평창을 제대로 조망했다.

오후 2시, 차 5대에 나눠 탄 우리는 주문진으로 달린다. 동해는 여전히 장엄하고 아름다웠다. 주차타워를 거쳐 횟집을 향해 걷다 뒤돌아보니 관광버스가 막 손님을 풀어놓은 듯 줄지어 걷고 있는 저들이 모두 내 가족이라니, 평범하게 살다 가는 두 사람의 흔적도 만만치 않다는 생각이 든다. 회와 게찜을 곁들인 점심은 훌륭했고, 셋째가 안내한 속초 '테라로사' 에서 마신 커피는 향이 좋았다.

가족 오락관의 진행자는 장손 내외였다. 게임은 물론 거짓말 탐지기, 실로폰 등을 완벽하게 준비한 베테랑 남녀 사회자로 변신해 있었다. 가족의 대표가 나와 제목을 보고 연기하는 모습에 배를 잡는다. 근래에 이렇게 웃어 본 적이 언제 또 있었을까. 시상은 할아버지가 하셨고 너무 웃어 출출해진 가족을 위해 밤참이 준비되었다.

나이가 들면 세월도 빠르다지만 무료한 노인의 시간은 때론 지루하기 마련이다. 하지만 사 남매와 조손들이 함께한 시간은 짧기만 했다. 저 애들은 내일이면 직장으로, 학교로 가기 위해 떠날 것이다. 떠나면서 가족사진을 찍었다. 하루를 더 쉬다 갈 우리 곁에 큰애 내외가 남는다. 부모님을 모시고 여행을 하던 우리가 이제 보살핌을 받을 나이에 와 있음을 실감한다.

언제였던가, 정선에서 점심을 하려는데 아버님이 "정선 음식보다는 영월 음식이 낫느니라." 하시던 말씀에 영월로 와 점심을 먹고 그곳에서 맞이하던 늦은 봄날, 청령포를 들어서던 나른한 느낌이며 그날 두 분의 모습이 가슴 깊숙이 새겨져 세월 지나도 지워지지 않는다. 갑자기 기쁨인지 서글픔인지 정체 모를 기분에 휩싸인다. 오늘의 추억도 얼마 지나면 굽이치는 시간 속으로 사라지겠지만, 이제 그 모든 것을 받아들일 나이에 와 있지 않은가. 그러나 잊혀 가는 기억 중에도 이렇게 소멸되지 않고 선명하게 남아 있는 부분을 보면 이번 여행의 추억 또한 그러하리라.

인생을 여행이라 말한다면 삶은 동행이다. 진정한 동행이란 존중과 믿음으로 서로가 느끼는 일체감일 것이며 부모, 자식, 형제, 좋은 동반자 서로가 배려하고 사랑하는 정도에 따라 삶이나 여행의 맛은 달라질 것이다. 혼자서는 누구도 맛볼 수 없는 행복,

그게 바로 가족이 아닐까. 사진 속에 우리 두 사람은 머지않아 사라진다 해도 이 많은 손주들의 결혼과 출산 그리고 금년 봄, 축복 속에 태어난 첫 증손녀 유진이를 시작으로 20명의 울타리는 점차 30, 40명의 우람한 성곽으로 변해 가겠지.

(2017)

출판 그 후

익숙했던 풍경들이 모습을 바꾸면서 또 한 계절이 가고 있다. 하늘은 차고 떨어져 내린 잎들을 바람이 한곳으로 몰고 간다. 저들도 본래의 자리인 뿌리 쪽으로 가고 있는 것일까.

수필집을 낸 후, 어느덧 3개월이 지났다. 수없이 들어차던 메일도 요란한 전화벨 소리도 끊긴 지 오래고, 거실 그득히 자태를 뽐내던 양란들도 구실을 다했는지 후줄근히 처져 있다. 익숙해져 있던 시각에서 벗어날 때 문득 본래의 모습이 보이는 것처럼 늘 그랬던 적요가 새삼스럽게 가을을 타듯 낯설게 느껴진다.

아주 오랜만에 떨리는 가슴이 되어본 아쉬움 때문일까. 조금은 낯설고 쑥스러웠던 경험이었지만, 행사를 치르고 난 뒤에 오는 뿌듯함과 후회가 뒤섞인 묘한 기분이라고나 할까, 아니면 환상에서 현실로 돌아온 기분이랄까.

돌이켜보면, 내 삶을 팽팽한 탄력으로 지켜준 활력의 반은 수필이었는지도 모른다. 글쓰기는 늘 버겁고 모자람에 안타까웠으나 타성에 젖은 일상에서 자신을 성찰할 수 있는 계기를 가져다주었으며 제대로 좋은 수필 한 편 써보고 싶은 꿈은 나의 간절한 소망이기도 했다. 그러나 그 소망을 이루지도 못한 채 세월만 흘러 부족한 글들은 쌓여만 갔지만, 선뜻 그 글들을 외출시키기에는 주저함이 앞섰다. 너도나도 쉽게 책을 내는 요즘에 더불어 공해를 조성하는 일은 아닐까 하는 두려움 때문이었다.

출판을 결정하자 작업은 오히려 순조로웠다. 게다가 몰두할 일이 있다는 것은 진부한 일상에 활력까지 가져다주었다. 올해 따라 유난했던 더위도 힘든 줄 몰랐으며 다만 걱정스러웠던 것은 글에 대한 염려뿐이었다.

주변 작가들의 수필이나 증정본을 받아 읽으면서 눈물을 훔치고 어떻게 이런 표현을 쓸 수 있을까 하는 감탄과 부러움에 잠 못 이룬 적도 있었지만, 때론 의무감으로 읽으려 해도 뒤로 미루게 되는 경우 또한 없지 않았다. 혹여 내 책이 그 짝이 되면 어쩌나 하는 기우로 불안한 와중에 드디어 출간을 하게 된 것이다.

저자에게 하는 의례적인 찬사나 격려는 당연한 일이다. 그래서 쉽게 안심을 하거나 감격해서도 안 된다는 것을 알면서도 알듯 모를 듯 두렵기만 하던 결과가 칭찬 한마디에 풀려버리는 마법 같은 순간이기도 했다. 미흡하게나마 이 책 한 권을 통해 자신의 삶을 돌아보며 소원했던 부모를 잠시 떠올린 독자가 있었다는 것은 감격이었다. 급물살에 떠밀리듯 괜스레 마음까지 들떴고, 살아오면서 만났던 모든 이들에게 감사하다는 말을 전하고도 싶었다. 비록 찰나적(刹那的)이나마 내게 안도의 숨을 쉴 수 있게 해준 공통적인 글의 일부다. 독서량은 많으나 수필을 접하지 못했다는 어느 분의 글이다.

– 지난 삶을 반추하는 생경한 독서 경험, 오랫동안 혹은 진지하게 사유할 수 없었던 감성과 의식의 경험이었습니다. 제게도 알츠하이머 초기 증상이신 85세의 어머님이 계십니다. 가끔은 우리를 놀라게 하시고, 슬프게 하시고, 때론 웃기시기도 합니다. 직장에서 돌아오는 길에 어제 읽은 수필집 『외출』이 생각났습니다. 특히 주말 온 가족이 모여 식사하는 대목, 그렇게 전통을 만들어가고 있는 가족들의 모습이 정겹게 느껴지더군요. 아내에게 전화를 걸어 내일은 아이들을 모두 데리고 어머님을 뵈러 가자고 했습니다.

– 특별한 기대 없이 읽기 시작한 수필집이 지루한 일상인 부산행을 뜻깊게 만들어 주었습니다. 연세가 비슷한 제 어머니 생각을 떨칠 수가 없었습니다. 최인호 작가의 〈어머니는 죽지 않는다〉와 『외출』의 〈수정하기 어려운 기도〉 글이 엇갈리며 머리를 맴돌더군요. 아! 우리 어머니라고 아련한 추억이며 일상들이 없으셨을까마는 한 번이라도 어머니 말씀에 귀 기울여 들어본 적이 있었던가 싶어 기차에서 내리자마자 어머님께 뜬금없이 전화를 하고 안부를 물었습니다… (중략)

세월이 아무리 흘러도 변할 수 없는 자식 사랑과 부모 사랑의 원형, 날로 세상은 탁해지고 심성은 타산적으로 변해가도 부모와 자식에 대한 근원적인 연민과 배려는 우리들의 영원한 화두라는 것을 확인케 할 수 있었다면 그것으로 족했다.

그러나 설렘과 흥분의 순간은 너무 짧았다. 그처럼 들떴던 기분은 잠시고 무언가 소중한 것을 놓쳐버린 듯 마음 한편이 헛헛한 것은 왜일까. 가슴 속 어딘가가 뻥 뚫린 듯 허전하다. 책에 대한 긴장이 조금 풀렸다고 해서 편안하게 안주하기에는 내 글이 아직도 부족하다는 것을 잘 알면서도, 글을 쓰고 싶은 의욕도 없고 손에 잡히지도 않는다.

성글어져 빈 곳으로 남겨진 쓸쓸한 가을이 모든 것을 털어낸 지금의 내 심정과 같아서일까. 아니면 기대와 설렘이 있었기에 허전함은 당연한 순리일까. 되풀이되는 그저 그런 일상으로 돌아온 계절 앞에서 왕성하고 떠들썩했던 지난여름을 되돌아본다. 목표가 있는 도정, 그것을 향해 도전하는 삶처럼 큰 기쁨은 없나 보다.

설렘이 내가 겪을 몫이었다면 허전함도 내가 치를 삶의 일부일 것이다. 다시 나의 존재의 의미를 생각해 가며 자신을 낮출 줄 아는 겸손한 자세로 새로운 시작과 비상을 위해 마음을 추슬러야겠다.

적적하나 차고 청량한 바람이 나를 부추기고 지나간다.

(2006)

난지도

마포구 상암동에 위치한 거대하고도 밋밋한 두 개의 산, 계곡도 바위도 없이 광활하기만 한 봉우리 없는 산이다. 행주산성과 성산대교 사이에 편안히 누워있는 일천만 서울 시민이 만들어 낸 공동 작품이다.

수없이 봄이 가고 가을이 오가더니 황폐했던 난지도는 푸른빛으로 변해가고, 매립장 제방 사면에 이름 모를 들꽃이 피어났다. 바람에 실려 온 것인지, 썩기를 거부하고 몸부림치다 싹이 텄는지 제법 싱그러운 초록의 나부낌이 살랑거린다. 그러나 가까이 시선을 돌리면 세월 지나도 썩을 줄 모르는 비닐 같은 문명의 공해 물질이 모여 종기 자국같이 남아 있다. 그 옛날 기계총을 앓아 빠져버린 머리카락처럼 보기 흉하게…

마포구의 4분지 1, 여의도보다 넓은 90만 평이나 되는 이곳,

맑은 샛강을 띠처럼 두르고 난꽃과 갈대로 어우러졌던 기억 속에 난지도는 흘러간 역사 속에 묻혀버린 머나먼 이름이었다. 그곳은 언제부터인가 쓰레기의 천국이 되고 있었다.

지난 1970년부터 우리나라는 공업 입국으로 발돋움하면서 급진적으로 산업 근대화가 이루어지고, 팽창 일로에 있는 도시 공간의 확장과 비례해서 쏟아지는 생활 쓰레기는 새로운 과제로 등장했다.

버릴 것 없이 먹고살기에 바쁜 궁핍의 삶을 살아온 우리 세대는 환경오염이나 쓰레기의 심각성은 서구 문명에만 존재하는 줄 알았는데, 인간이 넉넉하게 먹을 수 있게 되면서부터 먹는 것보다 더 많은 쓰레기를 만들어 내기 시작했고, 의식 구조가 점차 진보됨에 따라 악성의 쓰레기는 넘치도록 생겨났다. 먹고 마셔대는 빈 깡통이나 병들이 산처럼 쌓여 가면서 난지도는 심한 몸살을 더해갔다.

수거차의 행렬은 매일 새벽 4시부터 다음날 새벽 1시까지 황사의 바람 속에 이어졌다. 서울 전역에 밀집해 살고 있는 열일곱 개 구청의 쓰레기는 끊일 사이 없이 옮겨졌고, 순식간에 하늘과 땅, 강과 산 어디를 둘러봐도 쓰레기뿐이었다. 맑은 샛강은 오염되기 시작했고, 악취와 파리 떼는 마포구 일대 주민의 골칫거리가 되기에 이르렀다. 여름이면 펄펄 끓는 태양열로 숨 가쁘게 썩어가며 서로 부딪힌 자리에선 메탄가스가 생겨 연기를 뿜어 댔다.

하루 수천 대의 쓰레기차가 몇 년을 쏟아붓더니 난지도는 쓰레기로 높은 산을 이루고, 섬 전체는 악취로 뒤흔들리며 아우성치기 시작했다. 그 속에서 생계를 유지하던 7백여 가구의 가족도 이곳을 떠나야 했고, 더 이상 쓰레기를 수용할 수 없는 난지도에 1983년, 굵은 쇠사슬이 쳐지고 마침내 황사의 행렬은 끊어졌다.

일천만 서울 시민이 만들어 내는 찌꺼기들이, 숱한 애환과 눈물을 함께하고 묻히면서 난지도는 서서히 자연으로 돌아갔다.

언제부터인가, 풀들이 쓰레기를 밀어제치며 기를 쓰고 일어났다. 하늘을 향해 꼿꼿이 머리를 들고 전날의 상처를 감추고 있었다. 상암동 건너편 성산동 일대는 아파트 단지가 형성되고, 주위는 새로운 주거 환경으로 바뀌어 갔다. 하지만 오랫동안의 악취로 인해 여전히 외면을 당하고 있었다. 시청이 20분 거리에 있고, 상권의 중심인 신촌과 3개의 유명 대학이 10분 거리에 있는 편리한 입지적인 조건에도 오랜 인식을 바꾸기는 쉽지 않았다. 금단의 구역처럼 격리되고 소외당하더니 이제는 매물이 없을 만큼 인기가 높아졌다고 한다.

쓰레기 산은 악취를 묻고 자연으로 돌아가고, 인간은 과거를 잊고 새롭게 출발한다. 인류의 역사도 이렇게 변천했는가 보다. 나 또한 서교동을 떠나지 않기를 얼마나 잘했는가.

강 건너 가양동과 방화동 아파트 단지의 불빛이 낯선 이국의 도시인 양 황홀하고, 수많은 별들이 강물 속에 쏟아진 듯 반짝인다. 시원한 6차선 자유로의 간격 맞춘 가로등이 켜지고, 통일전망대를 향해 달리다 보면 일산 신도시로 가는 인터체인지를 만나게 된다. 멀리 보이는 아파트의 군상이 미국에서 프리웨이를 지나다 맞게 되는 어느 도시의 다운타운 같은 착각에 빠진다. 도시권이 팽창하면서 서울은 한없이 넓어져 가고, 난지도는 서울의 심장부가 되어간다.

지난날 수천, 수만 대의 트럭이 드나들며 다져진 이곳에는 서너 개의 넓은 길이 있다. 고향 가는 길목처럼 시원스럽다. 어린 시절 읽었던 신지식 씨의 〈하얀 길〉이 생각나 그 언덕을 오르고 싶은 충동이 인다. 누가 심었는지 모를 키 큰 해바라기도 줄지어 피어 있다.

서울 시민을 위한 공원이 조성된다느니, 퍼블릭 골프 코스가 생긴다느니 무성한 소문 속에서 난지도는 조용히 변신을 꿈꾸고 있다. 새벽녘에 눈을 뜨면 정원의 꽃향기를 밀어내고 생선 썩은 냄새로 마포구 주민들을 시달리게 하던 난지도의 악취도 먼 기억 속으로 사라져 갈 것이다.

맑은 한강을 굽어보며 우람하게 세워질 새로운 생활공간을 기다린다. 꽃과 나무가 있고 새와 나비들이 춤추는 행복한 미래의 땅에 다시 한번 우리의 모습을 투영해 보고 싶다. 쓰레기도 자원이 될 수 있을 뿐 아니라, 불모의 땅마저 생명의 끝이 아닌 시작이며 희망이라 믿으며.

견디기 힘들던 여름도 제철을 살고 나더니 떠날 때는 미련 없이 훌훌 떠나간다. 올 것 같지 않던 가을도 문턱에 있다. 난지도에 내리는 가을 햇살이 지고 어둠이 쌓인다. 화려한 부활을 기다리는 용트림처럼 가을바람이 난지도를 한바탕 흔들고 지나간다.

(1994)

그때가 전성기였을까

얼마만의 해후인가. 강산이 두 번이나 바뀌고도 또 여러 해가 지났으니 참으로 오랜만에 주선된 만남이다. 잊은 것도, 그립지 않았던 것도 분명 아니었는데 서로가 꽃을 떠나 다른 일에 몰두하면서 살다 보니 그 기나긴 세월이 망각(妄覺) 속에 흘러갔나 보다.

양란이 그득하고 귀에 익은 팝송이 감미로운 양식당, 전에 자주 드나들던 레스토랑에서 네 사람은 마주했다. 만날 생각에 어젯밤은 잠까지 설쳤다는 친구의 말에 공감하면서 한동안 우리는 격조했던 그간의 근황(近況)을 묻기에 바빴다. 화제가 남편에게서 아이들로 이어지자 아직도 아이들의 이름을 모두 기억하고 있는 사실에 놀라고 있는데 뜬금없이 한 친구가 "그때가 우리들의 전성기였어."라고 한다. 그 느닷없는 말에 우리는 아스라이 멀어진 기억 속으로 빠져들고 있었다.

꽃이 좋아서 모여 꽃과 함께 참으로 긴 시간을 보냈다. 예쁜 꽃을 보면 한 아름씩 사 들고 들어와 현관, 거실, 식탁에 꽂아 놓고는 혼자 즐기기 아까워 혹시 누가 찾아주지 않나 은근히 벨 소리에 귀를 기울이기도 했고, 피곤해서 퇴근하는 남편이나 학교에서 돌아오는 아이들을 잡고는 내 꽃꽂이 솜씨에 대해 평을 하라고 귀찮게 굴기는 또 몇 번이었던가. 봄가을, 전시회 때가 되면 작품을 구상한다고 며칠씩 꽃시장을 누비며 지방을 오르내렸고, 그날이 오면 고운 옷으로 단장을 하고는 친지들과 커피숍이나 식당을 드나들던 때가 사십 대였으니 분명 전성기였음에는 틀림이 없다. 그렇게 이십 년 가까운 세월을 꽃과 더불어 보냈는데…

차츰 아이들이 커 가고 생활 반경이 달라지면서 우리는 하나 둘 거리가 멀어지기 시작했나 보다. 그즈음 생활공간도 점차 서구화되면서 소품의 생화 꽃꽂이보다는 서양식 꽃꽂이를 선호하게 되었고, 조화도 생화 못지않게 다양한 상품들이 등장하기 시작했다. 물론 생명을 지닌 생화에는 비교될 수 없지만 바쁜 현대인들에게는 수명이 짧은 초화류보다 아트 플라워가 선호되기에 이르렀다. 그러나 아직도 선(線)과 공간(空間)을 살린 멋진 가지에 한두 송이의 꽃으로 마무리한 정적인 꽃꽂이의 지나간 정서(情緖)가 그립기도 하다.

그러고 보니 지나간 기억들은 모두 퇴색되지 않은 채 아름답게 포장되어 있었다. 이십 년 가깝게 함께 공유했던 기억들을 고작 반나절에 건져 올리기에는 시간이 터무니없이 짧기만 했다. 우리는 다음에 다시 만날 날을 약속하고 아쉽게 헤어졌다. 긴 헤어짐에 짧은 만남이었다. 집으로 돌아오는 내내 '그때가 우리들의 전성기였어.' 라고 했던 그 친구의 말이 머릿속에서 맴을 돈다. 그때가 정말 내게 전성기였을까. 요즘은 누구나 장수를 하니 팔십을 인생의 한 주기로 본다면 중간 지점인 사십이 젊음의 전성기임에는 틀림이 없다. 그렇다면 젊음의 전성기가 과연 인생의 전성기라 할 수 있을까.

돌아보면 젊음이 있었기에 매사에 용기를 낼 수 있었고 꿈과 야망도 컸다. 야망과 꿈이 컸기에 갈등 또한 많았으리라. 아이들을 일류대학에 보내려고 과외를 시키면서 동분서주했고, 매사에 최고가 되어 주기를 바라는 욕심은 왜 그리 컸었는지 모르겠다. 게다가 갖고 싶은 것, 부러운 것은 왜 또 그리 많았는지, 겉으로 보기에는 전성기처럼 보일 수 있으나 결코 편안할 수만은 없는 시기가 아니었을까.

요즘에 딸이나 며느리들을 보면서 가끔 지난날을 떠올리곤 한다. 아이들을 차에 태우고 학교로 학원으로 온종일 교통지옥을 누비는 것도 모자라 밤이 이슥하도록 숙제를 돌봐 주며 악기까지 연습을 시키는 딸애나, 시험 때가 되면 같이 앉아서 졸음을 참아가며 밤을 새우고, 대학시험을 치르고 초조해하는 며늘애들을 보면서 말이다. 교육열은 점점 과해져서 초등학생도 영어는 기본이니 아이들은 얼마나 힘이 들며 뒷바라지하는 부모들의 고통은 어떠할지 안쓰럽기 짝이 없다. 하지만 저희들도 이런 시기가 지나고 나면 오늘 우리들처럼 그때가 전성기였다고 말하게 되겠지만 말이다.

이제 젊음을 보내고 황혼을 맞고 있는 우리는 여유롭다. 서둘러 출근할 남편도 학교 갈 아이도 없으니 느지막하게 커피 한잔에 빵 한 조각 그리고 약간의 과일로 아침을 끝내고 나면 각자의 시간을 즐긴다. 손님이나 아이들이 오는 날이 아니면 성찬을 준비할 필요가 없으니 소박하고 단출하게 저녁상을 차려도 무방하다. 이 소박한 식단이 곧 건강에 이르는 비결이기도 하기에 미안해할 필요도 없다. 게다가 지금 사 남매 모두가 오늘 우리가 전성기라 일

컸던 그때처럼 자신의 둥지에서 바쁘게 살아가고 있으니 자기들은 힘이 들겠지만 지켜보는 부모 마음이야 든든하지 않은가.

젊음이 지나갔다고 해서 인생의 전성기가 끝난 것은 아닐 것이다. 생각하기 나름이겠지만, 나이에 맞는 전성기는 언제고 다시 맞이할 수 있다고 본다. 그래서 요즘 들어 나는 새로운 전성기를 맞고 있다고 스스로 최면을 건다. 아니 굳이 최면을 걸려고 노력하지 않아도 내 가슴은 한없이 따뜻하고 영혼은 평화롭다. 이것이 다시 맞은 나의 전성기가 아닐까. 다리가 아프면 아픈 대로 몸이 좀 무거우면 무거운 대로 나는 지금 건강하다. 사뿐사뿐 경쾌하게 걷는 미니스커트의 아가씨들이 보기 좋아 한참을 넋 놓고 바라보기는 해도 나도 한때 겪어 본 젊음이 아닌가.

그래서 아마 세상은 살아볼 만한 가치가 있다고 말들을 하나 보다.

(2008)

수정하기 어려운 기도

창가에서 힘없이 손을 흔드시던 두 분의 모습이 지워지질 않는다. 차가 떠나올 때까지 한참을 바라보시던 창가로 흐드러지게 핀 목련과 개나리가 부모님의 모습을 더욱 쓸쓸하게 비추어 얼른 고개를 돌리고 말았다.

언제부터 저렇게 안쓰러운 모습으로 변하신 것일까. 항상 곱고 당당하시던 두 분의 모습은 간 곳 없고 쓰러질 듯 쇠잔한 모습이 조춘(早春)의 그림과는 너무도 어울리지 않는다. 지난주에 올 때만 해도 지척에서 봄을 느끼지 못했는데, 서둘러 온 봄이 오늘따라 서글프기만 하다.

기억력은 점점 쇠퇴하고 거동도 자유롭지 못하시지만, 가장 견디기 어려운 것은 외로움인가 보다. 주위의 가까운 친구분이나 형제들을 먼저 보냈으니 전화로 회포를 풀거나, 만나고 싶은 친지조차 별로 없다. 곁에 자식이 있다 하더라도 어찌 친구와 나누는 묵은 정을 대신할 수 있을까. 함께 살아 온 지난날의 추억도, 세월의 허망함에 대한 푸념도 동시대를 겪은 이들만이 나눌 수 있는 대화일 것이다. 그저 날마다 아들 며느리의 퇴근이나 기다리고 세 자식이 찾아뵙는 것이 고작인 생활이 얼마나 지루하고 외로우실까. 몇 년 전만 해도 자식들과 함께 여행을 하시기도 했지만, 근래에는 하루 나들이 외엔 모두 마다하신다. 열심히 일하고 베풀며 살아온 세상에서 나이 들었다고 어느 순간 모든 것을 거두어 가는 이치가 너무 가혹하게 느껴진다. 이건 너무 잔인한 자연의 순리가 아닌가.

이런 날이 이렇게 일찍 오리라고는 예기치 못했다. 맏이인 내겐 항상 엄격하고 어렵기만 한 아버지였기에, 전화로 하시는 말씀을 잘 알아듣지 못해서 "네?" 하고 한두 번 반문하다가는 제대로 듣지도 못한 채 "네" 하고 대답할 정도였으니 말이다. 정년퇴직을 하신 뒤에도 시간이 모자랄 정도로 책 속에 묻혀 사셨고 서너 종류의 신문은 물론, 하다못해 바둑책이라도 손에 들고 계셨던 아버지가 요즘은 소파에 앉으시면 주무시기가 일쑤다. 우리나라 역사는 물론 세계사 연대 인물까지 설명해 주시던 아버지. 지난 강원도 여행에서도 영월의 음식이 정선의 음식보다 낫다고 말씀하신 분이었는데 지금은 방금 들은 손자들의 소식도 다시 묻곤 하신다. 그 인품과 학식 어느 것 한 가지도 물려받지 못했는데, 흐르는 세월이 무엇인지 그런 아버지를 뵙는 것이 마음 아프다.

오늘 문득 선배가 들려준 이야기가 생각난다. 선배의 어머님은 아들인 오빠 댁에서 노년을 보내셨다고 한다. 출가외인이 된 자식은 시집살이에 바빠서 자주 찾아뵐 수도 없었고 어쩌다 한번 뵙고 떠나올 때면 가슴이 아파 차라리 돌아가시기를 바랐다는 말이 가시처럼 목에 걸려온다. 자주 찾아뵐 수 없는 안타까움이 오죽하면 선배가 그런 생각을 했을까. 모시고 살 수 없는 딸은 마음뿐이지 소용이 없다는 생각을 나도 요즘 들어 종종 하게 되기 때문이다.

온종일 마음이 울적하고 일손이 잡히지 않는다. 액자 속의 빛바랜 사진처럼 두 분의 모습이 나를 붙들고 놓아주지 않는다. 이제 두 분을 위한 기도의 내용도 조금은 수정해야 하지 않을까 생각해 본다. 매일 드리는 기도 중에 "오래오래 저희들 곁에서 평안하게…"라는 말에서 "오래오래"라는 말을 빼고, 살아 계시는 동안 편안하게 사시다가 좋은 계절에 고통 없이 가시라고 고쳐야 하지 않을까 싶다. 가슴은 아프지만 달리 도리가 없지 않은가. 오늘도 어머니께서는 "왜 이렇게 안 죽는지 모르겠구나. 너무 오래 사니까, 누가 아프다면 걱정스럽고 사는 게 힘이 든다. 부부가 이렇게 늦게까지 해로하는 것도 좋은 것만은 아닌가 보다." 하시면서 종일 강의하고 피곤한 모습으로 들어오는 아들이나 며느리한테도 미안한 생각이 든다고 하신다. 아들의 머리도 벌써 희끗희끗 변해 가는데 이 늙은 부모를 지켜보기 얼마나 답답하겠느냐고 하시던 말씀이 저리도록 가슴을 파고든다.

하긴 어느새 나도 동창회 모임이 아니고는 어느 모임에서도 나이가 많은 쪽에 속한다. 친구들도 만나기만 하면 서로 아프다는 하소연들뿐이다. 이미 끝나 가는 자신의 삶이 허망하다고, 가버린 젊음을 한탄하며 너도나도 목청을 돋운다. 나도 모르게 그 대화에 끼어들다가 소스라치게 놀라 입을 다물곤 한다. 내 나이가 외롭고 쓸쓸하다면 부모님의 심정은 어떨지 헤아리게 되는 까닭이다.

눈길을 던지니 천지가 봄이다. 개나리와 목련은 부푼 꽃망울을 터트리고 응달진 산기슭도 연둣빛으로 물들어 간다. 이렇게 산천초목이 다시 맞을 봄으로 설레듯이 부모님의 가슴에도 한 번 더 봄을 맞이하게 해 드릴 수는 없는 것일까.

오늘도 습관처럼 아파트 단지를 걷는다. 꽃향기가 코끝에서 맴을 돈다. "오래오래"라는 말을 빼고 기도를 시작하려니 왈칵 눈물이 쏟아진다. 다시 용기를 내어 보지만, 나도 모르게 "3년 아니 2년만이라도 저희 곁에서"라는 말이 자꾸 새어 나오는 것을 난들 어찌하겠는가.

(2001)

부부라는 이름으로

사라지는 것은 아름답다

창밖을 바라보다 바람이 차서 문을 닫는다. 어느새 가을도 깊어가나 보다. 꽃이 피던 지난봄, 하늘을 뒤덮으며 만개한 벚꽃에 둘러싸인 창문은 속세와 단절된 듯 고요해 마치 봄과 나 단둘만의 세상에서 선물을 가득 안은 기분이 되기도 했었는데. 저 고운 꽃잎들도 머지않아 속절없이 사라지겠구나 하는 아쉬움에 고개가 아픈 줄도 모르고 넋을 놓고 바라보면서 생각했었다. 사라지는 것들은 아름답다는 것을. 만일 저 분홍 꽃잎들이 떨어지지 않고 항상 가지에 그대로 남아 있다면 누가 저 꽃을 아름답다 하겠는가. 꽃도 시간도 사람도 결국 때가 되면 사라지고 마는 것을 말이다. 그러면서 사라지는 것들은 새로운 것을 잉태하기에 더 아름다울 수 있다는 생각과 함께 모든 사물의 소멸해 가는 과정에 대해서도 생각했었다.

봄은 떠난 지 오래고 무덥던 여름도 꼬리를 감추었으니, 찬바람은 당연한 순리다. 하늘도 이미 멀어졌고 구름마저 엷아지는가 했더니 푸르고 무성하던 잎들 위에 가을빛이 완연하다. 특별할 것 없는 소소하고, 조금은 무료한 긴 하루가 늘어난다. 그런 하루들이 모여 계절이 되고, 계절이 다시 오가면서 쌓인 한 해 한 해가 인생이 된다. 그렇게 평범한 줄로만 생각했던 일상이 돌아보니 얼마나 아름다운 풍경들이며 기적이고 귀한 사건이었는지 뒤늦게 깨달아 간다. 그 소중한 기억들이 오늘 내 삶을 지탱해 주는 뿌리가 되고 양분이 되었음도 함께. 굳이 활기차던 젊은 시절까지 거슬러 오르지 않아도 날이 갈수록 그리움으로 사무치는 부모님의 사랑, 새집을 짓고 이사를 하던 감격, 넓은 정원에서 손님을 초대하던 날의 설렘, 사 남매의 결혼과 출산, 머나먼 세상으로 향한 여행이나 봉사 등 행복했던 순간들은 세월에 묻혀 흔적 없이 사라졌어도 그 기억들만은 그 자리에 머물러 저물어가는 내 삶을 충전하며 쉬어 가는 여백(餘白)의 시간이 되어 준다. 아울러 유진이의 존재가 크게 웃을 일이 없는 요즘 나를 웃게 하지 않는가.

불현듯 어제 보내준 유진이의 영상이 다시 보고 싶어진다. 유진이는 장손이 낳은 나의 첫 증손녀다. 지난번 손자 내외가 2박 3일 여행을 떠날 일이 있어 할아버지 집에 와 있으면서 유모차를 타고 저 길을 수없이 돌았었다. 집에 들어가도 제 부모가 없는 걸 알아서인지 들어가자고 하면 유모차를 꼭 잡고 내릴 생각을 하지 않다가, 내가 오라고 하면 혹시 아빠 엄마한테 데려다주려나 하고 왔다가는 얼른 다시 할아버지한테로 가던 유진이. 울거나 떼를 쓰지도 않고 의젓했지만 시무룩해 재롱은커녕 잘 웃지도 않았다. 어린 마음에도 엄마아빠가 나를 두고 어디를 갔을까만을 골몰히 생각하며 겨우 한 발 한 발, 걸음을 떼던 유진이가 저희 부모와 함께 활짝 웃으며 걷는 영상이다. 숱이 적은 머리를 두 갈래로 묶고 원피스에 손바닥만 한 카디건을 걸치고 걷는 모습이 요정처럼 귀엽고 사랑스럽다. 부모와 함께 있으면 저리도 행복한 것을, 자라는 아이들은 하루가 다르게 성장해가고 나이가 들면 하루가 다르게 노쇠해져 가지만 사라져가는 것들은 또 다른 세대에 물려주게 되는 내리사랑이란 말을 다시금 실감한다. 매사에 의욕이 줄어들고 외출은 병원 출입이 우선이긴 해도 우리 나이에는 낯설지 않은 일상이다. 대신에 유진이의 성장이 있지 않은가. 유진이가 첫 증손녀니 남은 손자 손녀들의 결혼과 출산으로 증손들은 계속 늘어나겠지만, 모두 맞이할 수는 없음을 안다.

이제 가을은 잠시일 테고 겨울을 지나 맞이하는 봄의 변화는 특별해서 또다시 벚꽃의 축제를 선물처럼 받게 되겠지만, 몇 번을 더 받을지는 모른다. 우리의 몸도 자연의 일부분임을 가끔은 잊고 살아가지만, 떠나고 태어남은 자연스러운 자연의 순리가 아닌가. 이제 자신의 미래에 대한 소망이 아니라, 자손들의 미래와 소망을 염려하는 나이에 접어들었고 얼굴에 자리 잡은 주름마저 제법 친숙하게 느껴지는 요즘이다. 머지않아 떠날 것을 알면서도 부족하면 부족한 대로 최선을 다하며 오늘을 사는 우리 모두의 마음이 다 같을 수는 없겠지만, 책 한두 권을 더 읽고 지식을 얻거나 스펙을 쌓는 일보다는 이제 삶의 마지막에 되새기는 조문(弔文)을 우선으로 생각하는 삶을 살고 싶다.

다시 창문을 연다. 많은 생각들로 복잡해진 머리가 찬바람에 오히려 상큼하게 정리된다. 가을이 내려앉은 저 벚나무 잎들도 머지않아 꽃처럼 화려하게 붉은 옷을 갈아입을 것이다. 벚꽃이든 녹음이든 단풍이든 계절은 돌고 돌면서 아름다운 변화로 우리를 반겨줄 테지. 유진이가 주말에 오면 유모차가 아닌 두 손을 잡고 저 길을 걸어보리라. 바람이 더 차가워지기 전에 놀이터에도 가고 골목길도 지나면서 4대가 함께 걸어보자. 늦은 가을볕에라도 몸과 마음을 능금처럼 빨갛게 물들이고 싶다.

(2018)

부부(夫婦)라는 이름으로

지난해 4월, 결혼 60주년인 회혼(回婚)을 맞이했다. 어느새 두 사람, 팔십을 훌쩍 넘기고 남편 나이 미수(米壽)가 지났으니 참으로 장구한 세월이다. 근래에는 장수시대라 60이면 중장년이라 말할 수도 있겠으나, 우리가 결혼할 당시만 해도 환갑이 되면 크게 잔치를 열고 절을 올리며 만수무강(萬壽無疆)을 빌던 기억이 엊그제 같은데 벌써 결혼을 하고 60년이 지났으니 흘러간 세월이 실로 아득하기만 하다.

머나먼 길이었다. 좁은 길 넓은 길도 걸었고, 멀고 가까운 능선도 마다 않고 함께하며 예까지 왔다. 햇살 좋은 날도 있었지만 춥고 바람 부는 날은 왜 없었을까. 조금은 낯설고 힘들 때도 있었으나 아이들을 기르면서 행복했고 드물게 만나는 눈부신 순간도 있었으니 그런대로 따뜻하고 편안한 삶이 아니었을까.

이제 우리는 모든 것을 놓은 지 이미 오래다. 그러나 사 남매 모두 자신의 전공에 뿌리를 내려 튼실한 울타리를 만들어 주고, 아홉의 손자 손녀 건강하게 자라, 장손은 만혼(晩婚)이 풍조인 현대라지만 적령기에 좋은 반려를 만나 증손녀까지 안겨주었으니 욕심내지 않는다면 성공한 인생이라 말할 수도 있겠으나, 가끔은 늦가을 찬바람이 일듯 스산함이 느껴지는 것은 왜인지 모르겠다. 거울에 비친 반백의 머리 주름진 얼굴에 등 굽은 노인인 자신의 모습이나, 전날의 기백은 간곳없이 정물처럼 앉아 있는 남편의 모습에 새삼 놀라기도 하지만 이것 또한 긴 세월 함께한 삶의 흔적일 터인데 말이다.

하늘에 오가는 흰 구름이나 바람의 어울림과도 별로 다르지 않은 무심함에서도 깊은 어울림으로, 가끔은 티격태격 다투고 화해하며 인식(認識)을 넘어선 또 하나의 인식과 배려, 이런 것들이 부부(夫婦)라는 이름으로 불리는 것이 아닐까. 저무는 길목에 아쉬움이나 연민으로 조금은 가슴이 아리고, 그러다가 어느 날 세상을 떠나는 것이 인생이며 부부라지만, 돌아보니 나름대로 최선을 다했다고는 해도 후회란 남게 마련인가 보다.

〈추억의 사진 한 장〉 청탁을 받고 고르면서 많이 생각하고 망설였다. 가족들이 격주(隔週) 주말에 모여 식사하는 사진을 고를까, 아니면 분주하게 활동하던 젊은 날의 사진을 택할까 고민하다가 빛바랜 사진 한 장에 눈길이 머물렀다. 결혼 25주년인 은혼(銀婚)에 제주에서 찍은 사진이다. 촌스럽게 보이기는 하나 숱이 많은 검은 머리가 계절만큼이나 활력이 있어 보인다.

천지가 꽃밭이었다. 4월 중순이라 유채꽃이며 벚꽃이 지천으로 만발해 있었다. 화창한 봄날만큼이나 꿈과 야망도 있을 시기였으리라. 하지만 야물지도 이재(理財)에도 밝지 못한 성격 탓인지, 그때도 잘살아 보겠다는 욕심이나 높이 오르려는 야망보다 그저 내 분수에 맞는, 자기 그릇만큼의 행복을 생각했을 뿐, 재테크가 무엇인지도 모르고 살아온 시절이다. 남편이 국영기업에서 사업으로 전향해 성공했어도 내 이름으로 된 한 평의 땅은 고사하고 내 몫의 통장 하나 가지려는 생각조차 못 했으니 미련하리만치 바보였다. 평생 이렇게 사는 것이라고만 믿었다. 일찍이 평범한 가정의 맏이로 태어나 부자도 아니고 그렇다고 가난하지도 않았지만 훌륭한 부모님 밑에서 검소하게만 자라, 결혼 생활은 내가 꿈꾸던 것 이상이었으니 그저 잘 자라준 아이들에게 감사하며 살았다. 뒤늦게 깨닫고 보니 매사(每事)에 욕심이 없었던 것은 자랑이 아니라 부족했던 자신의 성찰이었다.

후회는 또 있었다. 아이들이 성장해 큰애와 둘째가 유학을 떠나고 집안이 한가해지자 봉사활동을 한다, 꽃꽂이를 한다며 밖으로 돌다 보니 집안을 아름답게 꾸미는 겉치레의 환경보다 허술해지는 식단이 문제였음을 그때는 몰랐다. 요즘 손자들이 주말에 집에 모이면 훤칠한 키들로 집안이 꽉 찬다. 둘째 손자는 어려서 그렇게 우유를 많이 마셨다더니 족보(族譜)에 없는 백팔십이 넘는 키다. 근래에는 식생활도 많이 달라졌지만, 며느리들이 섭생을 잘해 준 결과라 믿으며 셋째가 모든 능력을 다 갖추고도 훤칠한 키를 갖지 못한 것은 오직 내 탓이라는 후회, 아들 셋을 낳고 그렇게 소망하던 딸을 주셨는데 기뻐만 했지 자매가 없어 외로웠을 딸과 많이 놀아주지 못한 아쉬움, 이런 미진한 느낌들이 항상 삶의 언저리에 후회로 남아있지만 어찌하겠는가.

이제 다시 봄이다. 시야를 돌리니 멀게만 보이던 산의 능선이 선명하게 드러나기 시작한다. 머지않아 축제와 같은 봄을 다시 선물처럼 맞이하겠지. 그렇다, 그날도 그랬다. 참 좋은 때였을 것이다. 하지만 다시 그 시절로 돌아가고 싶지는 않다. 이미 살아

본 젊음이며, 돌아간다 한들 후회 없이 기를 아이들은 이미 내 곁을 떠나 가정을 이루었으니 이제는 할 일도 없다. 후회 없는 인생이 어디 있겠는가. 지금 이 순간이 분주하지도, 조급하게 서둘지 않아도 될 가장 편안한 좋은 때인 것 같다. 미래는 짧아져도 추억할 과거는 점점 길어진다. 그냥 지금을 살자. 우리가 살 수 있는 이 유일한 시간을.

빈방에 들어서면 처음엔 휑하고 낯설게 느껴져도 서서히 편안해지듯이 적요한 가운데도 밀물처럼 찾아 드는 묘한 충만감이 좋은 요즘이다.

(2020)

그리운 그 이름, 아버지

아버지가 떠나신 지도 어느새 한 달이 지났습니다. 입을 열지 않으셔도 만면에 가득한 웃음을 지으시던 아버지, 지금도 사진 속에서는 여전한 미소로 지켜보고 계신데, 주위를 둘러봐도 달라진 것은 없는데, 새삼 아버지를 뵐 수도 부를 수도 없다는 사실에 갑자기 천지가 아득해집니다.

늦은 봄을 시작으로 무덥던 여름의 두 달 열흘, 생의 마지막 시간을 아버지는 중환자실과 일반 병동을 옮겨 다니시면서 보내셨습니다. 이는 정녕 아버지께서 원하시는 일이 아니라는 것을 알면서도, 보내드리고 싶지 않은 우리 사 남매의 뜻이 결국 더 고통만 드렸던 것 같습니다. 아버지의 몸에 부착된 산소 흡입 줄, 링거 줄, 소변 줄 등으로 수족(手足)까지 자유롭지 못하게 해드려 안타까웠지만, 뇌수술을 받으셨으니 출혈로 인한 뇌압만 제거되면 의식도 찾고, 바람도 쐬어 드릴 수 있으리라 믿었습니다. 큰 소리로 아프다고 호소 한번 하지 않으시고 흐릿한 의식에도 "저 왔어요." 하면 애써 웃어 주시고 "많이 불편하세요?" 여쭈면 "괜찮아." 하고 가늘게 대답하시던 아버지, 잔정을 쉽게 표현하는 분은 아니었지만 편찮으시다고 해서 타고난 깔끔한 성품이야 어디로 가겠습니까. 병마와 사투(死鬪)를 벌이시던 모습이 생각나 지금 워드를 치는 손등이 눈물로 젖습니다.

어머니는 말씀하셨지요. 비록 말씀은 없으셔도 우리를 쳐다보는 쓸쓸한 눈빛이 '왜 나 혼자만 두고 가느냐.' 하며 노여워하시는 것 같다고. 저는 아니라고, 의식이 없으신데 무슨 그런 생각을 하시겠느냐며 잘라 말했지만, 전들 왜 몰랐겠습니까. 하물며 70년 가깝게 해로한 어머니야 무인도 같은 중환자실에 아버지를 혼자 두고 떠나시는 마음이 오죽하셨겠습니까.

염소 뿔도 녹인다는 대서가 하루 지난 복중이었는데도 아버지가 떠나신 며칠은 참으로 서늘했습니다. 모두 생전에 아버지의 인품을 하늘도 아신다고 했습니다. 구름은 해를 감싸고, 때아닌 선들바람에 아버지를 배웅하러 장지까지 오신 분들께도 미안한 마음이 덜했습니다. '통정공' 의 동산만 한 고분, 조상의 공로비와 석물들이 즐비한 선영, 고향산천이 한눈에 내려다보이는 아버지의 유택은, 비무장지대라 조금은 적막해 보였지만, 봄이면 지천으로 핀 할미꽃이 선영을 덮고, 소나무 사이로 이는 바람 소리 새소리 정겹던 이곳에 아버지를 모시고 보니 더없는 명당이란 생각이 들었습니다.

아버지, 옛날얘기 하나 들어 보실래요? 저는 왜 그렇게 아버지가 어려웠는지 모르겠습니다. 특별히 꾸지람을 듣고 자란 것도 아닌데 맏이로 태어나서 그랬을까요. 중학교에 입학하자 6 · 25 전쟁이 났으니, 부산으로 피란을 가서 2학년으로 복학을 했지요. 아버지는 퇴근만 하시면 제게 영어와 수학을 가르쳐 주셨습니다. 기초가 없어 어렵기도 했지만, 저는 아버지가 무서워 늦게 들어오시기만 기다렸습니다.

'모델 2' 라는 교과서에서 수선화(daffodil)를 배울 때였습니다. 몇 번 읽어 주시고는 읽어 보라 하셨지만, 발음 기호도 제대로 모르는 저는 한글로 '데포딜' 이라고 손바닥이나 벽에 써놓고 읽곤 했으며, 아버지 말씀을 제대로 알아듣지 못하고도 다시 여쭙기가 어려워 그냥 대답을 한 적도 여러 번이었습니다. 때론 아버지와 허물없이 지내는 아이들이 부러울 때도 있었지만, 저는 아버지의 자식인 것만이 자랑스러웠습니다. 언젠가 아버지가 학교에 오셨을 때, 친구들이 "너희 아빠 '윌리엄 홀덴' 같이 멋있다"며 "너는 아빠를 닮지 않았다"고 했어도 상처받기보다는 우쭐했고, 처칠 회고록을 원어로 읽으시던 아버지가 그저 멋있게만 보였습니다.

그런데 언제부터인가, 아버지가 변해 가셨습니다. 즐겨 읽으시던 책도, 신문도, 바둑도 다 놓으시고 그저 소파에 앉아 허공만 바라보시는 시간이 늘어갔습니다. 그 절벽 같기도 한 단절감은 저희를 아프게 했고 익숙지 않게 느껴지기도 했습니다. 그런 아버지의 침묵은 흐려져 가는 기억에서 비롯된 체념이자 고독이셨나 봅니다. 그렇게 살아가야 하는 남은 세월을 인정할 수밖에 없었던 아버지의 고통은 외부와의 단절보다 내부의 공허로, 죽음보다 더 깊은 늪 속에 아버지를 잠기게 했던 것은 아니었을까요.

삶의 마지막 순간까지 인간의 존엄성을 지키고 떠나신 아버지, 어떻게 사는 것이 진실되고 아름다운지를 몸소 행동으로 보여주셨던 아버지가 자식들의 고통을 덜어 주려고 가을도 오기 전에 서둘러 떠나셨음을 알기에 더욱 서글퍼집니다. 남들은 일찍이 부르지 못하게 된 아버지란 이름을, 이 나이가 되도록 부르게 해

주셨는데, 아니 아직도 어머니가 생존해 계시는데 아버지의 죽음을 너무 안타까워하는 집착은 지나친 욕심이라고 달래봅니다.

어제는 온종일 요란하게 비가 뿌려지더니 오늘은 투명한 햇살에 나뭇잎 그림자가 사뭇 서늘해 보입니다. 시끄럽게 울어대던 매미 소리도 나른하게 풀렸습니다. 거짓말같이 여름도 가 버린 것일까요? 아니겠지요. 아버지의 빈자리를 느낄 여유도 없이 흐르는 세월이 야속해서 그렇게 느껴지나 봅니다.

“네 어머니가 명문가에서 시집와 고생만 했다.”라고 말씀하시던 아버지, 그 뜻 받들어 못다 한 효도 어머니께 바치겠습니다. 이승의 걱정일랑 다 잊으시고 편안히 영면(永眠)하소서.

2005년 8월 29일 여식 올림

격(格)과 정(情)

새해다. 되풀이되는 일상에 큰 획을 그어주는 새해가 없었다면 삶이 얼마나 지루할까. 같은 해가 솟아도 새해는 새롭다. 똑같은 하루를 다르게 만들어주는 새해, 무언가를 꿈꾸며 시작한다는 것은 나이와 관계없이 기대와 설렘을 준다.

새 달력을 걸고 차례를 모시고 세배를 받았다. 꽉 차오는 나이에 세배를 하기보다 받는 입장이 되고 보니 친정어머니 한 분께만 세배를 드린 한가한 정초를 보내고 첫 외출을 하는 날이다.

하늘은 푸르고 겨울답지 않은 포근한 날씨가 집을 나서는 발걸음에 팽팽한 탄력을 실어준다. 지난 연말, 친구에게 루브르 전시회 티켓 두 장이 있다기에 과세를 치르고, 초사흗날 만나기로 약속을 해 놓은 터였다. 새해 벽두부터 시작되는 문화생활이 금년은 더욱 품위 있는 한 해가 될 것 같은 예감을 준다며 우리는 마주 보고 웃으면서 전시장으로 향했다.

한불수교 120주년 기념 루브르전이 열리는 국립중앙박물관 특별 전시실은 이른 시간부터 미술 애호가나 학생들, 그리고 어린이들을 동반한 부모들이 성황을 이루고 있었다.

전시장 공간 내부를 루브르 박물관 모양으로 만들고 16세기부터 19세기 초기의 그림들로 대부분이 왕궁에서 소장하고 있던 것과 루브르에서 전시되고 있는 그림들이었다. 당시에 그들이 소유했던 영혼의 열정이 그대로 다가오는 것만 같았다.

한 그림 앞에 섰다. 그리고는 나도 모르게 베네치아의 '성 마르코 성당' 아니냐며 친구에게 외쳤다. 바다를 끼고 있는 성당은 한눈에 알아볼 수 있었다. 수 세기 전에 그린 그림이 이처럼 완벽하다는 사실보다 그곳을 다녀온 사람이라면 누구나 한눈에 알아볼 수 있게 아직도 그대로 보존되고 있다는 놀라움이었다. 저것이 바로 저들의 국력인가 보다. 쉽게 허물고 부수는 변화 속에 길들여진 우리들에게는 상상 못 할 일이다. 그래서 지금도 그 후예들은 빛나는 문화유산만 가지고도 수천만 대를 풍요롭게 살아갈 수 있는 축복을 받은 것이 아닌가. 나는 그 그림 앞에 선 채로 그곳에 매료되었던 시간 속으로 기억을 더듬으며 차츰 빠져들고 있었다.

모두들 그렇게 말했었다. 유럽 여행은 피곤해도 조금 지나고 나면 다시 찾고 싶다고. 나 또한 그랬다. 격조 높은 고딕 양식이나 르네상스 양식의 호화로운 궁전들과 수많은 박물관에 소장된 방대한 예술품, 그 찬란한 역사의 숨소리는 전율이 느껴졌다. 그 중에서도 수중도시 베네치아나 그림 같던 카프리섬의 매력을 어찌 잊을 수 있을까.

지형학(地形學)상 가장 특이한 구조에 인간이 인공으로 만들어 낸 물의 도시 베네치아, 곤돌라가 소리 없이 미끄러지는 이름 모를 운하로 연결된 낭만의 도시였다. 저 그림 속에 있는 성 마르코 성당이나, 두칼레 궁전, 그리고 괴테와 바그너가 자주 들렀다는 플로리안 카페 앞에서 포즈를 취하며 탄성을 지르던 기억이 새롭다.

소렌토만의 보석으로 비유되는 카프리섬, 사교의 중심지였던 움베르토 광장은 마치 응접실과 같은 아늑한 분위기였다. 토속적인 정취에도 세계 부호들이 선호하는 최신 유행과 사치가 공존하는 곳. 줄을 이은 명품관들, 그 안의 진열된 명품들보다 내겐 그 상점들을 꾸며놓은 안목(眼目)과 격이 더 인상적이었다. 장식된 꽃 하나하나, 특이하게 가꾸어진 식물들, 나무 그 모두가 그야말로 명품임에 눈길을 떼지 못했다. 이미 고인이 된 다이애나 황태자비가 황제의 격을 배우고자 이 섬으로 신혼여행을 왔다는 이야기도 이제 전설이 되어 가고 있다.

얼마를 그림 속에 빠져 있었던 것일까. 허기가 드는 걸 보니 시간이 어지간히 지났나 보다. 우리는 서로를 방해하지 않으며 긴 시간 추억여행을 하고 돌아온 모양이다.

늦은 시간이라 식당 안은 한산해서 우리는 창가에 자리를 잡을 수 있었다. 점심은 참으로 맛이 있었다. 정신없이 식사를 하다가 나도 모르게 갑자기 픽 웃음이 났다. 유럽인은 격이고 한국인은 정이라는 말이 생각나서다.

여행 중에 파스타가 유명하다는 어느 레스토랑에서였다. 그때 일행 중에는 식성이 까다로운 한 사람이 있었는데 한식이 아니면 전혀 먹질 못했다. 그날은 냄새까지 싫다며 아예 식당으로 들어오지도 않았다. 홀 안쪽에는 정장을 한 선남선녀들이 와인을 혀끝으로 음미하며 천천히 식사를 하는 모습이 우아하고 격이 있어 보였다. 그렇지 않아도 식사를 빨리하는 습관을 가진 우리이기도 하지만 그날은 밖에서 기다리는 사람 때문에 더 마음이 급했었다. 맛을 제대로 음미하지도 못한 채 허겁지겁 식사를 하는 우리들과 그네들의 모습이 너무도 대조적이었다. 급하게 식사를 하고는 후식으로 나온 청포도는 누가 시킨 것도 아닌데 모두 싸 들고 나와 그에게 전하는 것이 아닌가. 그와 우린 전부터 아는 사이도 아니었지만 한국인이라는 이유만으로 그렇게 정이 묻어났다. 그네들처럼 격을 지키지는 못했지만 정이 담긴 우리의 모습이었다. 급하게 식사를 하다가 문득 그때 생각이 떠올랐나 보다.

그러나 격을 갖추려면 정도 따라 갖추어야 하지 않을까. 격을 지키면서 따듯한 정까지 지닌 사람이라면 금상첨화일 것이다.

새해가 있어 삶의 자세도 다시 돌아볼 수 있고, 가까운 이웃과 자리를 마련하는 예의도 우리가 지녀야 할 덕목이 아닐까. 격과 정, 이것을 금년의 키워드로 정해봄이 어떠할까.

(2013)

결혼을 축하하며

맑고 정갈한 오월의 햇살이 고인 대지가 눈이 시리도록 푸르다. 그 초록이 뿜어내는 향기가 마치 다른 우주의 세상인 듯 아름다운 계절에 우리는 그 신록보다 눈부시게 곱고 착한 새 가족을 맞이하였구나.

조금은 무료하고 허허롭던 일상이 이 축복의 순간들로 하여 어쩜 이리도 포근하고 정겨운지, 조용히 없는 듯이 지내야 하는 노년의 지혜와 무심에도 가슴이 환해지는 기쁨을 감출 수가 없다. 순환의 질서를 이어가는 삶이 때론 버겁고 힘들어도 이래서 살아볼 만한 가치가 있다고들 하는 모양이다.

아주 오래전, 그때도 우리는 지금처럼 흡족하게 만족스러운 세 며느리와 사위를 차례로 맞이하면서 대가족이 되어 갔다. 하지만 당시에는 책임감으로 분주했던 탓인지 한가하게 기쁨을 누릴 여유를 갖지 못한 것 같은데 손부(孫婦)를 맞는 일은 참으로 다르구나. 바쁜 일은 부모가 맡아서 하고 할아버지와 할미인 나는 그저 뒷전에서 온전히 기쁨만을 누리는 까닭인가 보다.

언제부터인가, 나의 부재가 전혀 문제가 되지 않는다는 사실이 존재감의 상실인 양 조금은 낯설고 서글프게 느껴지기도 했지만, 지금은 그 누가 없이도 잘 돌아가는 세상 이치에 안도감마저 갖게 된다. 이것이 삶의 질서이고 순리라는 것을 터득한 때문이겠지. 세월 따라 기력이 쇠퇴해져 가는 만큼 마음도 따라 너그러워지는 노년, 봄 · 여름 · 가을 들녘의 흐름처럼 모두 비워내고 자손들의 기쁨과 고요로 다시 채워가는 편안함이 좋다.

오늘따라 스쳐 가는 생각이 참 많구나. 영상처럼 스치는 기억들은 시간을 깊숙이 가로지르며 지난 세월에 머물게 한다. 결혼을 하고 미국으로 유학을 떠났던 큰아들 내외가 아들을 낳았다. 그렇게 너는 우리 집안의 장손이며 첫정으로 내게 왔다. 인터넷이 없던 시절, 전화나 편지로만 소식을 들으며 만남을 고대하던 내 상상 속에 너는 인기 드라마에 등장하는 멋진 주인공으로 자라났단다. 백일이 가까워서야 처음 너를 만났고, 너를 안은 두 팔과 가슴으로 빠르게 전해지던 그 따스했던 체온과 감동을 어찌 잊을 수가 있겠니? 할아버지 할머니 참관일이면 손잡고 유치원이나 학교로 가던 즐거운 추억, 공군에 입대한 너를 진주에서 만났을 때 의젓했던 모습, 그리고는 학업을 모두 마치고 취직을 해서 만혼이 풍조인 현대인데도 적령기에 멋진 인연을 만나 이렇게 기쁨을 주다니 참으로 효손(孝孫)이 아닌가.

황량한 들판에 홀로 선 나무보다 두 그루의 나무가 서로를 지켜주며 하늘을 향해 서 있을 때 그 푸르름이 더욱 눈부시듯 결혼이라는 묘목을 통해 가꾸어갈 가정, 바로 가족이라는 연결 고리로 삶의 의미를 완성해 가는 것이란다. 세상은 달라도 길은 오직 한 길인 것처럼 사람들은 어제나 다름없이 오늘도 서로를 의지해 가며 그 길을 향해 걸어가게 마련이다.

요즘 들어 한가한 시간이면 너희들이 꾸며갈 보금자리를 상상해 보곤 한다. 그러면 선연히 떠오르는 그림이 있다. 부모 밑에서 배우고 자랐으니 삶의 가치를 어디에 두고 어떻게 사는 것이 옳은 것인가를 알기에 또 하나의 닮은꼴의 가정이 탄생하리라는 믿음에서이겠지. 그러면서도 할미의 노파심에 당부하고 싶은 말이 있다면, 높이 오르려고 서둘거나 애쓰지 말며, 많이 모으려고 힘들어하지도 말고, 너무 잘하려고 몸을 소홀히 하지 말며 그저 있는 그대로를 존중해가며 따뜻한 시선으로 서로의 이야기를 들어주는 가정이면 충분하다고 말해주고 싶다. 몸을 낮추는 일은 결코 포기가 아니라, 스미어 화목해지는 일이며 또 다른 비상과 아름다운 초월을 꿈꾸는 일이기도 하니까.

누군가와 어떤 동행을 하느냐에 따라 삶의 빛깔이 달라지듯이 만남은 그 자체로도 소중한 인연이지만, 그 만남을 평생의 좋은 반려로 만들어가는 일은 더욱 중요한 일이다. 이제 좋은 동행을 만났으니 믿음과 존경과 사랑으로 긴 여정 아름답게 가꾸며 행복하기를 바란다.

오페라에 보면 간주곡(間奏曲)이라는 것이 있다. 이는 극 중간에 연주되는 관현악곡을 일컫는 말임을 알고 있겠지. 그 기막히게 멋진 곡들은 우리에게 한번 쉬어가라는 암시가 아닐까. 인생도 마찬가지라는 생각이 든다. 가까이에 바로 결론이 있을 것 같고 손에 닿을 것 같아서 서둘러 달려가다 보면 실수도 따르는 법이다. 결론에 빨리 이르는 성급함보다 여유와 관조가 넘치는 삶이 낫지 않을까. 배우들이 없이 음악만이 흐르는 텅 빈 무대는 우리에게 한번 멈추는 인생의 지혜를 가르쳐 준다.

인생의 빛깔도 나이 따라 변해간다. 안타깝고 발만 동동 구르던 시절도 지나 보면 왜 그랬나 싶다. 터 오는 희망만을 말하면서 흔흔한 여정이 되기를 바라며 다시 한번 너희들의 결혼을 축하한다.

(2013)

비를 잊은 그 밤의 열기

비는 여전히 줄기차다. 그러나 공연장에는 이미 수백여 명의 관객이 운집해 있었다. 비옷으로 몸을 감싼 그들이 마치 분홍 꽃밭처럼 화사하다. 흘러내리는 빗물을 연신 손으로 훔쳐내지만 장난이 아니다. 그렇다고 우산을 펼칠 수도 없는 일, 툭툭 털고 일어설 만한 상황인데도 모두가 자리를 지키고 있다. 마음은 놓였지만, 내심 궁금하다. 관람료 때문은 아닐 터인데, 먼 길 달려온 노고 때문일까, 아니면 청풍호반(淸風湖畔)에 어우러진 정취 때문일까.

비에 젖은 청풍호반은 초록에 만취해 있었다. 굽이굽이 돌아 흐르는 강물에 산 그림자는 수면 위로 내려와 두 개의 산을 이루고 그대로 장인의 손에 그려진 한 폭의 수묵화다.

'제천 국제음악영화제' 어제 개막식에 이어 두 번째 날이다.

일주일 동안, 야외무대에서 개최되는 영화 상영과 음악 공연으로 구성된 패키지 프로그램인 '원 서머 나잇'의 첫 번째 날인 '메모리 나잇'이다. 어제처럼 호반의 지는 노을 속에 한여름 밤의 축제를 기대했는데 오늘은 온종일 비가 내린다.

비 오는 날은 어둠도 일찍 내리는 법이다. 8시가 되자, 예정대로 〈행복〉이란 영화가 그 영화의 음악을 담당했던 세계적인 뮤지션의 현장 연주로 상영되었다. 라이브로 음악 반주를 들으며 무성영화를 보다가 문득 고개를 돌려 서로의 모습을 보며 함께 울고 웃었던 시간, 비는 차츰 의식 밖이 되어갔다.

콘서트의 시작은 '신촌 블루스'였다. 이미 세상을 떠났지만 아직도 우리 귀에 익은 '김현식'과 함께했던 그들의 거친 듯 부드러우면서도 강력한 호소력을 지닌 음성은 비 오는 밤 호반의 열기를 뜨겁게 달구기 충분했다. 뒤를 이어 '봄여름가을겨울'의 전태관과 김종진이 들어서고, 황홀한 오색의 조명은 호반의 무대를 수없이 훑으며 지나간다. 1980년부터 90년대에 히트했던 귀에 익은 노래와 연주가 아득히 멀어진 옛날을 불러온다. 대형 전광판으로 비치는 분홍 비옷의 관객들은 비를 잊은 채 저마다 어깨를 흔들며 온몸으로 열광한다. 젊은이들뿐만이 아니었다. 초로의 할머니와 할아버지도 모두가 연주자와 완벽하게 하나가 되어 간다. 이제 비는 깊숙이 감추어졌던 가슴속 추억들을 꺼내어 적시면서 낭만을 불어넣어 주고 있다.

'자꾸만 보고 싶네' '브라보 마이 라이프' '사람들은 모두 변하나 봐' 그 흥겨운 노랫가락에 흥이 나서인지 앉은 자리에서도 절로 몸을 움직이며 장단을 맞춘다. 추억을 꺼내 보는 시간이 이리도 황홀할 수 있을까. 닫혀있던 세포 하나하나가 열리며 이미 사그라진 줄 알았던 청춘의 열정이 신명으로 풀려 나오고 있다.

좋은 공연이란, 이처럼 무대의 또 다른 주인공이 관객일 것이며, 거기에 우레와 같은 박수와 함성은 강한 감동이 되어 오래오래 추억으로 남는 것인가 보다.

밤은 이미 깊었고, 공연은 모두 끝이 났다. 분위기가 한껏 고조되어서일까, 아니면 추억에 잠겨서일까. 일어설 줄을 모른다. 자원봉사자들의 안내를 받으며 서서히 공연장을 나서는데 언제 비가 그쳤는지 관객들의 우비가 테이블마다 산처럼 쌓여간다. 우리도 비옷을 벗었다. 비는 언제 그친 것일까, 비가 그친 줄도 몰랐으니 어지간히 흥겨웠던 모양이다. 불어오는 바람에 온몸을 맡기며 강물처럼 서늘한 기분이 되어 행사장을 나선다.

친구가 옆에서 넌지시 말을 건넸다. "이제 비 걱정은 하지 않아도 되겠지요? 영화와 공연만 좋으면 비가 온들, 바람이 분들 무슨 상관이겠어요? 저 관객들 좀 보세요." 하긴 나도 잠시 그런 생각을 하고 있었다. 행사장을 나서는 관객들의 행렬이 구름떼처럼 밀려 나가고 있지 않은가.

제천영화제 집행위원장을 맡은 아들과 그 많은 스태프들이 오랫동안 준비하고 계획해 온 프로그램이 비로 인해 제대로 행사를 치르지 못하면 어쩌나 하는 노파심은 여러 해가 지나도 여전했다. 휴가철인 8월에 하는 행사이기에 더욱 그랬다.

국내외의 수많은 음악 마니아, 그리고 영화와 음악을 함께 즐길 수 있는 가족 단위의 휴가가 청풍호반에서 자리를 잡아가고 있음은 해가 거듭되면서 어느 정도 느끼고는 있었다. 금년에는 제천 시내 숙박시설이나 호텔마다 투숙객이 넘쳐나고, 엄선된 음악 영화가 영화관마다 매진 사례라는 말도 이미 들어 알고는 있었지만, 부모의 노파심은 어디 그런가.

호텔로 돌아와 따뜻한 물에 몸을 씻고 자리에 누웠다. 좀처럼 잠이 오지 않는다. 흥분이 가라앉질 않아서일까. 이미 메말라버린 줄 알았던 신명이 아직도 살아있음에 대한 기쁨일까. 우리는 밤이 이슥하도록 뒤척이며 잠들지 못했다. 나잇값의 마땅한 처신과 부모나 할머니로서의 일상을 벗고 진정한 나로 돌아간 자유로움 때문이었을까. 이 기쁨의 중심은 무엇이었을까. 청춘의 열정을 다시 경험했던 황홀함일 수도 있고, 아니면 아들의 노고가 결실을 맺어가는 안도감 때문일 수도 있다.

제대로 착하게 살지도 못했지만, 이제 남은 삶은 착하게 살기보다 흥겹게 살고 싶다. 키 큰 미루나무 아래서 신작로를 내달리던 젊은 날처럼. 그리고 비 내리는 호반에서의 오늘처럼 신명 나게.

(2010)

수필을 쓰지 않았다면 나는 지금 무엇을 하고 있을까

시간은 바람처럼 스치며 오갔고 계절은 잠시 머물다 떠나갔다. 축제처럼 맞이하던 봄은 꿈결 같았고, 더위에 지치다 보면 안주하고 싶은 가을은 어김없이 찬바람에 미끄러지듯 사라져 갔다. 특별히 잡은 것은 없지만 그렇다고 놓친 것도 없는 평범한 일상이 이어졌다. 어떻게 일하는지는 알았지만 왜 일하는지는 모르면서도 안정적인 생활환경과 잘 자라준 사 남매의 성장이 우리가 이룬 보람이고 성취였으며 욕심 없이 지켜가고 싶은 삶의 목표였다.

한때는 꽃이 좋아 십여 년 넘게 꽃을 배우고, 가르치면서 세월을 보냈다. 일주일에 두 번씩 아침에 눈을 뜨면 서초동 새벽 꽃시장을 드나들며 싱그럽게 피어난 꽃들과 그 향기에 취했던 시간은 잊을 수 없는 젊은 날의 추억이며 나름대로 짧게나마 나 스스로 선택한 유일한 일이라면 일이었다. 그렇게 시간은 흘러갔고 아이들이 결혼과 유학으로 하나둘 집을 떠나면서부터 끊임없는 생각 하나가 머리를 맴돌며 떠날 줄을 몰랐다.

아마도 학창 시절 국작(國作) 선생님께 들은 내 글에 대한 칭찬이 작은 씨앗이 되어 몸 한구석 어딘가에 남아 있었나 보다. 썩기를 거부하고 그렇다고 뿌리를 내리지도 못한 채 수십 년을 자리하고 있었는지, 글을 써보고 싶다는 생각이었다. 지금도 이미 늦었지만, 이 정도라도 열정이 있을 때여야지 식고 나면 끝일 것이라는 생각에 수필교실에 등록을 했다. 지명이 가까운 나이에 등단을 했으니 벌써 이십 년도 넘은 지난 일이나, 그때 머뭇거리다 포기하고 말았더라면 나는 무엇으로 소일하며 살아왔을까. 참으로 다행한 일이다.

수필은 자신의 경험과 통찰을 통한 진솔한 글이지만, 나이가 들수록 사유의 폭은 좁아지고 사람을 만나는 일도 의욕마저 줄어들다 보니 이제 신선한 글을 쓰기는 힘들다. 사람은 자신감과 함께 젊어지고 두려움과 함께 늙어간다는 말처럼, 머리로는 과거와 미래를 오르내리면서도 몸은 늘 그 자리에 머물러 어제가 오늘이고 오늘이 또 내일이 되는 일상의 반복이다.

그러던 어느 날, 사촌 형제들을 만나는 자리가 있었다. 예전에는 사촌 간에 형제처럼 함께 자라기도 했으나 근래에는 고모나 이모, 조카까지도 소원해진 세상이 되고 보니 가족 모임이나 행사가 아니면 만나기도 어렵다. 즐거운 자리도 아니고 서글픈 만남의 자리였지만, 머리가 희끗희끗해진 노년의 형제들은 푸르던 유년을 넘어 서로서로 부모님의 기억을 더듬으며 지난날의 긴 회상에 빠졌었다. 그때 느닷없이 사촌 동생의 댁이 말했다. "책장 정리를 하다가 예전에 주신 수필집 『외출』을 다시 읽었다"며 "왜 책을 내시지 않느냐"고 물었다. 듣기 좋게 하는 말이라는 것을 잘 알면서도 한 줄기 바람이 정수리를 스치며 지나간다. 그렇지 않아도 새해에 나도 책 정리를 한다며 오래된 책들을 한옆으로 쌓아놓고 보니 출판 이후 글이 30편은 되었다. 다작(多作)을 쓰지 못하는 자신의 한계를 알기에 선뜻 버리지도 못하고, 그렇다고 흥미를 갖고 읽어줄 사람이 과연 얼마나 될까 하는 생각에 용기를 내지 못하던 차에 그 한마디는 내게 천군만마를 얻은 듯했다.

새해 다짐이 작심삼일(作心三日)로 끝나는 경우는 허다하다. 하지만 2019년 새해의 꿈을 내 인생의 마지막 꿈으로 가져본다면 어떨까. 소소한 삶의 단상들이지만 사소한 일들로 일상은 이루어지고 사람다움도 만들어지는 것이라면, 미흡하면 미흡한 대로 가랑비 같은 속삭임이 될 수는 없을까. 그 글 안에는 내 젊은 날의 빗소리도 들어있을 테고 생애 가장 황홀했던 저녁노을이 있을 수도 있겠고 가끔은 주름진 모습에서나마 시원한 소나기 소리도 떠올릴 수 있지 않을까.

겹겹이 늘어서 있는 크고 작은 산맥들처럼 연이은 세월 한편에 자리 잡은 삶의 편린들, 그 작은 무늬의 조각들은 아직도 선명하다. 만났다가도 언젠가는 헤어져야 하는 세상의 모든 인연, 누가 가르쳐 준 것도, 그렇다고 재촉한 것도 아니지만 보란 듯이 지고 있는 인생의 노을 진 길목에서 다시 생각한다. 인생에는 연장전이 없기에 하루하루가 처음이자 끝인 것처럼 최선을 다하는 이유가 바로 여기에 있을 터이고 사랑하며 살 수 있는 남은 시간이 길지 않기에 지금 이 순간을 잘 사는 것이 중요하다고.

작심삼일이 될 수도 있겠으나 며칠간이라도 이와 같은 설렘으로 살아갈 수 있다는 것도 수필이 나에게 준 선물이라 믿는다. 수필이 아니면 엄두조차 낼 수 없는 꿈이니 뒤늦게 시작한 나의 수필 쓰기는 내 삶의 향기가 되고 살아가는 이유가 아닐까. 달려온

길을 돌아서서 바라본다. 수필을 쓰지 않았다면 나는 지금 무엇을 하며 살아가고 있을까.

(2019)

두 개의 세상을 보다

영안실로 들어서면 우선 즐비하게 늘어선 화환들이 조문객을 맞는다. 오늘도 그랬다. 상주들은 입관식으로 자리를 비웠고, 우리는 약속 시각보다 한 시간이나 빠르게 도착하게 되었다. 쌀쌀하기도 했지만, 미세먼지 적색경보로 급한 일이 아니면 외출을 자제한 탓인지 도로가 사뭇 한가해서였다.

한동안 꽃 속에 묻혀 있었는데도 만수향 때문인지 꽃향기에 취하지도 않고, 방마다 차분히 문상객을 맞고 있을 뿐 울음소리 한번 들리지 않는다. '임종 때나 입관식에서 울었으니 계속 눈물이 날 리도 없겠지' 라는 생각이 들자 오래된 풍경 하나가 다가선다. 상가에서는 울음소리가 그치면 아니 된다고 나오지도 않는 울음을 억지로 소리를 내어 곡을 하던 시절이 격세지감으로 느껴져서일까. 과거는 또 하나의 외국이라더니 이 땅에 있었던 역사 역시 현대인들에게는 외국만큼이나 낯설고 먼 나라 이야기가 되어간다.

영정사진에서 조용한 미소로 바라보는 모습이 생전과 다름없이 평화스럽다. 얼마 전 호스피스로 문병을 왔을 때도 저렇게 편안한 모습으로 맞아 주었는데. 주님이 부르실 날을 기다린다며 항암 주사를 맞을 때보다 이곳에 오니 너무 좋다며 얼굴에 환한 미소까지 담았었다. 83세이면 그리 적은 나이도 아니고 누구보다 신실한 믿음으로 성가정을 이루고 떠났으니 아쉬움도 없겠다.

2시에 만나기로 한 친구들이 하나둘 모였다. 가까운 남편의 동창 여섯 집이 부부동반으로 반평생이 넘도록 우정을 다져왔다. 봄이면 꽃 기행에 맛 기행도 수없이 즐겼는데 그것 또한 지나간 이야기다. 어느새 세 사람이 세상을 등지고 모임은 힘을 잃어갔다. 작년 시월 삼성병원에서 늘 우리를 웃겨주던 한 회원이 떠난 후 다시 만난 자리가 바로 오늘 아산병원 영안실이다.

고인의 문상을 끝내고 마주 앉는다. 그 사이 모습이 많이 변해 있었다. 마음이 허하고 슬퍼 보여서일까. 활기차던 모습은 간데없고 무표정한 얼굴에 말수도 적어졌다. 아이들을 키울 때 며칠 못 본 사이에 몰라보게 자라 있듯, 나이가 들면 반대로 하루가 다르게 노쇠해져 가나 보다. 하긴 요즘 외출의 대부분이 웃고 즐길 수 있는 자리 대신에 이런 자리다. 죽음이 두려운 것이 아니라 이렇게 하나둘 친구를 보내면서 살아가야 하는 남은 삶이 두려운 것이다. 어느 날 거울에 비친 주름진 얼굴에 희끗희끗한 머리, 어깨 굽은 노인의 모습에 멈칫한다. 별일 아니어도 웃어서 보기 좋다던 말은 아직 그대로인 것 같은데 육신은 세월을 이겨내지 못했나 보다.

이탈리아의 영화배우 '안나 마냐니'가 사진을 찍으면서 사진사에게 부탁했다는 말이 기억난다. "절대 내 주름을 수정하지 말아 주세요." 사진사가 이유를 묻자 "그걸 얻는 데 평생이 걸렸거든요." 했다고 한다. 꿈을 이룬 사람은 주름이든 흰머리이든, 상처마저도 그 모든 것에 자신이 치열하게 꿈꾸며 이룬 기록이 담겨있기 때문일까. 꿈은 명사가 아니라, 자신의 생을 움직이는 동사라는 사실을 이해할 것 같았다. 비가 오지 않는 곳에 무지개가 뜰 수 없듯이, 무지개를 얻기 위해 먼저 비를 맞고 견디는 혹독한 시련이 필요했음을 오래오래 잊지 못했다.

그러나 현대를 사는 요즘 사람들의 사고는 좀 다르다. 여자들은 물론, 남자들도 자신의 결점을 바로잡아 꿈을 향해 도전하는 사람들이 많다. 의술도 좋아졌지만 그 또한 자신감을 얻기 위한 현명한 방법일지도 모른다는 생각이 들자 잠시 한때 가져 봤던 생각이 떠오른다. 봉사단체 회원으로 인생의 새로운 경험을 시작하던 즈음이었다. 국제 봉사단체에서는 일 년에 한 번씩 총회를 개최한다. 전국에 있는 회원은 물론 미주협회(美洲協會)에 소속되어 있는 세계 각국의 많은 회원들을 초청해, 봉사 영역의 확장과 더불어 더 많은 프로그램을 증진하고자 국제 친선을 도모한다. 수백 명이 모이는 행사라 보통 국내 유명호텔 그랜드볼룸에서 열게 된다. 몇 년을 사회를 보았고, 총재(總裁)가 되기도 했지만, 사회나 축사를 하면서 기계음을 통해 나오는 목소리에는 그런대로 자신이 있었으나 늘 외모가 미흡하다는 생각은 떨치지 못했다. 정면으로 섰을 때보다 측면으로 보이는 쪽에 신경이 갔다. 코가 조금만 높았으면 얼마나 좋을까 하고 생각은 했지만 그런 용기를 내는 일은 내게 더 어려운 일이었다. 용기를 내지 못한 일을 잠시 후회한 적도 있으나 모두가 지나간 일이다. 모든 꿈을 다 이루고 살 수는 없는 법, 사 남매를 키우며 마음껏 꿈도 꾸어봤고, 남편의 능력으로 좋은 집에서 하고 싶은 일 하면서 살아왔으니 이만하면 됐다는 생각도 든다. 자신뿐이 아니라 오늘 여기 모인 친구들 모두가 그렇지 않은가. 지금의 모습들은 비록 볼품없이 변했다 해도 최선을 다해서 살아온 흔적이 아닐까.

평생을 건강할 줄 알았던 몸이 허리로 다리로 반란을 일으키며 고통을 주고 있지만, 이렇게 친구와의 이별을 위해 추위나 적색경보에도 아랑곳없이 눈으로 보고 들으며 두 발로 걸을 수 있음에 감사한다. 눈에 보이지 않는 것을 가슴으로 느끼며 낯선 것들을 받아들일 수 있는 능력이나 성찰도 매사에 최선을 다할 줄 아는 우리이기에 가능한 일이라고 위로하면서.

"기적은 하늘을 날거나 바다 위를 걷는 것이 아니라 땅에서 걸어 다니는 것이다."라는 중국 속담을 싱겁게 웃어넘겼던 지난날에, 이제야 고개가 끄덕여진다. 시간은 여전히 흘러갈 테고 남겨진 우리가 보내야 할 감정의 터널은 점점 무뎌지고 안목은 좁아지겠지만 가끔은 식탁을 사이에 두고 앉아 정답게 나누던 우리들의 대화가 문득문득 순간의 감정을 상기시켜 주지 않을까.

젊음과 늙음 두 개의 세상을 본다.

(2018)

대망을 가져라

해가 바뀌고 다시 졸업 시즌인 이맘때가 되면 어김없이 떠오르는 단어 하나가 있다. "대망을 가져라(Be ambitious)" 이는 졸업을 며칠 앞둔 어느 날, 교장 선생님께서 들려주신 말씀이다. 칠판에 쓰셨던 필체, 온화한 표정에도 단호하게 들리던 그 음성은 50년이 훨씬 지난 지금도 잊히지가 않는다.

평생을 평범한 주부로 살아오면서도 그 단어만은 왜 기억 속에 소중히 자리하고 있는지 모르겠다. 목표를 향해 도전도 못 한 채, 철이 들면서 꿈을 펼치기에는 간절한 소망이나 노력 말고도 보태져야 하는 요소들이 많다는 깨달음에 한때 자괴감으로 아파하기도 했지만, 그 대망(大望)이라는 단어도 나 스스로 분수에 맞게, 타고난 자신의 그릇만큼의 꿈을 꾸며 살아야 한다는 믿음으로 지켜왔을 뿐인데 참으로 알 수 없는 일이다. 이제는 내일에 대한 꿈이 아니라 마무리를 준비해야 하는, 인생이라는 마라톤의 종점에 가까운 지점에서 지나온 삶을 되돌아본다. 지레 겁을 먹고 포기했던 자신을 원망하기보다, 나일 수밖에 없었던 것들에 미움 없는 아량도 베풀면서 삶의 긴 여정, 부족한 대로 열심히 사느라 수고가 많았다고 고맙다는 인사라도 건네주고 싶다. 사고도 기력도 모두 쇠락(衰落)해 가는 자신에 대한 연민인지도 모르겠다.

시간은 그렇게 강물처럼 쉼 없이 흘러갔다. 해를 거듭하며 간직했던 소망들은 조금씩 변모되고 퇴색해갔지만, 그 자리에는 다시 새로운 꿈들이 들어서며 스미듯이 합쳐지고 잇달아 흐르면서 앞으로 나아갔다. 스치고 지나간 시간의 자취는 순환의 역사를 만들어나갔고, 열매가 익는 시간이 필요하듯 이루어 내는 시간 또한 필요한 것은 자연과 다르지 않아서 새해를 며칠 앞둔 지난 12월, 8년의 대장정 끝에 며느리의 논문이 통과되었다는 소식이 들려왔다. 꿈을 꾸며 산다는 것은 얼마나 행복한 일인가. 가족 모두의 기쁨이기도 했지만, 그에게는 삶의 재충전이었을 테고 생애 가장 큰 선물이었음에 틀림이 없다.

그 애는 어떤 각오와 좌우명을 가지고 오늘의 꿈을 이룬 것일까. 나이가 들면서 자신이 가장 하고 싶은 게 무얼까 고민하다가 선택한 길이라지만, 지칠 때도 있었을 테고 힘이 들어 그만두고 싶을 때도 한두 번이 아니었을 텐데 어떤 집념과 결심으로 그 길을 완주했을까. 남편의 외조(外助)도 한몫을 했겠지만, 본인의 노력과 인내가 없었다면 이 커다란 성취는 불가능한 일이 아니었을까. 젊은이도 아닌 50이 넘은 중년의 나이에.

며느리는 사회학을 전공했다. 지금 논문이 통과된 모교인 연세대학교를 졸업하고 결혼해 남편과 함께 유학을 떠났었다. 남편이 공부하는 동안 아이를 기르면서 가정을 지켰기에 학업을 계속하리라고는 생각지 않았는데, 두 아들이 대학을 가고 군에 입대하자 대학원에 진학을 했던 것이다. 대가족의 맏며느리로 소홀함이 없이 최선을 다하면서도 대망을 가지고 꿈을 지켜온 모양이다. 학업을 시작하는 것은 환영했지만, 고생한다고 격려까지는 못 해주었었는데…

그가 받을 학위는 단순한 증명서가 아닌 부단한 노력의 결과라고 믿는다. 겉으로 보기에는 같은 학위증서일지 몰라도 각기 다른 의미를 갖고 있음이다. 전업주부로서 뒤늦게 만학의 꿈을 이룬 노력에 박수를 보내며, 이미 인생의 중턱을 넘어선 사 남매가 삶의 정도(正道)를 지키며 최선을 다하는 모습에서 "꿈을 꿀 수 있다면 이룰 수도 있다"는 유명한 말을 다시 떠올려보게 된다. 대망을 가지라는 교훈도 비록 내 나름의 방식으로 해석하고 간직해왔지만, 꿈을 버리지 않고 살아온 날들의 보답이 아닐까 하는 생각을 해 본다.

하루하루 최선을 다하는 충실한 날들이 모여 장구한 인생이 되듯, 오늘의 결실도 작은 실천에서 비롯된 것이며 내일의 삶 또한 오늘의 노력에서 이루어진다는 사실을 다시금 깨닫게 되는 하루다.

봄도 멀지 않은 길목에서 너의 졸업식을 꿈꾼다. 졸업식이 아닌 학위수여식이겠지만, 젊은 날의 꿈이 고스란히 남아있는 정든 모교, 바로 그 자랑스러운 교정에 30년을 훌쩍 넘기고 다시 선 감회가 어떠할까. 세월 속에 우람하고 장대해진 수목 앞에서 더욱 성숙해진 중년의 모습으로 숙연하게 서 있을 네 모습을 그려본다. 최선을 다하는 삶은 자신의 역사를 창조한다는 말이 문득 머리를 스치면서, 언제나 프로로서 삶의 한가운데 있는 사람은 그래서 더욱 아름다운 법이라고 말해주고 싶다.

나는 꿈을 다 이루지는 못했지만, 꿈을 꾸며 살아가도록 가르쳐 주신 교장 선생님의 교훈과 정다웠던 교정에서의 지난날이,

새삼스럽게 꽃다발을 안고 환하게 웃고 있을 네 모습에 겹쳐진다. 모교(母校)란 원래 그런 곳이 아니겠니. 멀리 떠나있어도 항상 그립고 가슴속에 살아 있는 고향 같은 곳, 그 교정에서 네 남은 꿈을 활짝 펼치기를 기원하며 진심으로 박사(博士)가 된 너를 축하한다. 많이야.

(2014)

뛰지 말고 천천히 가

갑자기 콧등이 시큰해지더니 눈물이 핑 돈다. 조간에 실린 한 논설위원의 〈뛰지 말고 천천히 가, 다쳐.〉라는 글을 읽고서였다. 왜 눈물이 핑 돌았는지는 딱히 한마디로 표현할 수 없지만, 분명 슬퍼서 흘린 눈물은 아니었다.

지방단체장 선거가 있던 날, 어느 시골 학교 근처에 있는 김밥집에 12만 원이 든 봉투를 가지고 찾아온 소년이 있었다. 중학생 시절 그 집에서 먹은 김밥값을 갚지 못하고 떠났다가 고등학교 졸업 후 취직을 하자 그 돈을 갚으러 왔던 것이다. 한사코 돈을 받지 않으려는 주인에게 굳이 봉투를 놓고 간 소년, 어린 마음에도 자신의 처지를 배려해준 주인의 고마운 마음이 큰 빚으로 남아 있었던 모양이다.

필자는 거기서 일본의 유명한 동화 〈우동 한 그릇〉을 떠올렸다. 언제나 세모(歲暮)가 되면 찾아와 국수 한 그릇을 시키던 세 모자, 그들이 오면 국수사리를 많이 넣고 가격을 낮춰 써놓던 주인의 따뜻한 배려가 다시금 가슴을 뭉클하게 한다. 세월이 지난 어느 세모에 장성한 두 아들과 어머니가 국수 세 그릇을 시키는 흐뭇한 정경에 콧등이 시큰해지더니 "뛰지 말고 천천히 가, 다쳐." 라는 대목에 와서는 그만 눈물이 뚝 떨어지고 말았다.

부도가 난 중년의 남자는, 아내가 떠나고 가정마저 잃게 되자 실의에 빠졌다. 밥을 사 먹을 돈도 없고 갖은 냉대 속에 세상을 비관하던 그는 불이라도 질러버리고 싶은 심정이었다. 그러던 어느 날, 삼각지에서 어느 할머니가 하는 조그만 국숫집에 들어가게 되었다. 국수 한 그릇을 눈 깜짝할 사이에 먹어 치우고 있는 그에게 할머니는 얼른 다시 한 그릇을 말아다 주었다. 허겁지겁 먹고 나서 도망치듯 뛰어나가는 그에게 "뛰지 말고 천천히 가, 다쳐."라는 할머니의 말에 그는 세상에 대한 분노를 모두 풀었다는 이야기였다.

연일 떠들썩한 선거 열풍이나 월드컵의 뉴스로도 부족한 지면에 가슴을 짓누르는 어둡고 무거운 기사들은 끊일 사이가 없었는데, 오늘 이 한 편의 훈훈한 글은 얼마나 세상을 살맛 나게 하는

지 모르겠다.

이처럼 어려운 역경 속에서도 남을 배려하고 인정을 베풀며 살아가는 사람들이 많다는 것은 내일의 희망이다. 그런 사람들을 보면 어떻게 저럴 수 있을까 감탄을 하면서도 그저 느낌으로만 그치는 자신을 부끄럽게 돌아본다.

내 주위에도 그런 분들이 있다. 그중에서도 내게는 수호천사와 같은 형님이 한 분 계시다. 그래서 나보고 인덕이 많다고들 하지만, 누구에게나 한결같은 분이시다. 어려서부터 남을 배려하는 성품을 타고났는지는 몰라도 그분의 삶은 남다르다. 오른손이 하는 일을 왼손이 모르게 하라는 성경 말씀대로 가족에게는 물론 교우나 이웃을 위해 자신을 기꺼이 희생한다. 언젠가는, 돌볼 가족이 없는 암 환자를 임종까지 근 3개월을 강북에서 강남을 오가며 간병해 의사도 형님이 환자의 어머니인 줄 알았다는 말이 아직도 가슴을 저리게 한다.

나는 30년 가까이 봉사단체에 몸담고 있다. 그러나 형님처럼 그 누구를 위해 진심으로 배려하며 도와준 적이 몇 번이나 될까. 병원에 드나들며 수술 처치용 거즈를 접고, 병동을 위문하며 자연재해나 난민 구조금을 단체의 일원으로 보내는 것이 내 봉사의 전부였다. 그러면서도 개인으로는 어려운 일이 공동체 안에서는 가능하다고 목청 높여 말하면서 자신을 합리화하려 하지 않았던가. 가꿈과 거둠이 없는 허점투성이인 봉사, 배려와는 거리가 먼 자신의 명분만을 지키기 위한 허울 좋은 봉사 생활이었는지도 모른다.

어제는 모처럼 이사한 딸네 집에 들렀다. 바쁘다고, 다리가 아파 무거운 것은 들지 못한다고 아무 도움을 주지 못하는 어미다. 그런데 형님은 잠시 시간이 나서 오셨다며 내 대신 아이들의 옷장 정리를 하고 계셨다. 일을 거들러 오면서도 김치까지 담가 가져다주시는 형님께 나는 늘 빚만 지고 사는 기분이다.

요즈음 『배려』라는 자기 계발 우화가 베스트셀러라고 한다. 출판되자마자 5개월 만에 26만 부를 돌파했는데, 그 책이 독자들로부터 많은 공감과 지지를 얻은 이유는, 성공 조건에 대해 새로운 제시를 했다는 점이다. 경쟁이 아닌 배려가 우리를 진정한 행복과 성공으로 이끌 수 있다는 깨달음으로 다가와, 자기 자신을 돌아보는 계기를 제공했다는 것이다. 이기적이고 개인적인 이들에게 아름다운 마음인 배려를 가르쳐 주는 글이 시대의 흐름을 타고 있다는 반가운 소식이다.

오늘 아침 내 눈물샘을 자극한 이유를 이제는 어렴풋하게 알 것 같다. 그토록 어려운 환경 속에서도 남을 배려할 줄 아는 그들의 삶이 큰 울림으로 다가와 내 의식을 두드렸음이다.

언제쯤이면 나도 그 소년처럼 마음의 빚을 갚게 될까. 무엇으로도 환산할 수 없는 그 큰 사랑의 빚을.

(2006)

회혼여행(回婚旅行)

이 글이 얼마 만에 쓰는 글인지 모르겠습니다. 그런데 오랜만에 쓰는 이 글이 내 마지막 글이 될지도 모른다는 생각은 아마도 꽉 찬 나이에서 오는 예감인지도 모르겠습니다. 언제 이렇게 세월이 흘렀는지 실로 아득하기만 합니다. 예전에는 환갑까지만 살아도 장수한다는 시절을 거쳐 이제 결혼 60주년이라는 회혼까지 맞이했으니 말입니다. 남달리 손에 쥔 것은 없지만, 그렇다고 놓친 것도 없는 평범한 일상이었으나 평온하고 따뜻한 한평생이었지요. 사 남매 모두 성장해 가정을 이루고 9명의 손주들 건강하게 자라, 장손은 결혼을 해 증손녀까지 안겨주었으니 욕심내지 않는다면 이 정도로 성공한 인생이라 말해도 틀린 말은 아니겠지요.

회혼여행에서 돌아와 며칠 쉬다가 이 글을 씁니다. 길지 않은 일정의 짧은 크루즈였지만, 나이는 어쩔 수 없나 봅니다. 이십여 년 전, 둘째의 학위 중 미국에서 탔던 바하마 크루즈에서는 이천 명이 넘는 승객 중 한국인이 우리 내외뿐이라 자유롭게 구사할 수 없는 언어만이 불편하다고 느꼈었는데, 이번에는 그 많은 승객 중에서 우리가 최고령 순위 몇 명 안에 들게 되었다니 쏜살같이 가버린 세월이 허망하기도 하네요. 그 많은 승선 이벤트에 제대로 참여하지는 못했지만, 첫 기항지인 블라디보스토크에서 만난 봄날 오후의 공원이 참으로 마음에 들었습니다. 한가롭게 벤치에 앉아서 생각했지요. 돌아가면 더 늦기 전에 편지를 써야겠다고 말입니다. 모스크바나 상트페테르부르크는 전에 다녀온 적이 있지만 가까운 이곳은 처음이었거든요. 화려하거나 왁자지껄하지 않은 도시가 조금은 가라앉은 듯했지만, 조용하면서도 안정감을 주어 포근하게 느껴지더군요. 전혀 사회주의 국가 같지도 않았습니다. 회혼여행을 하면서 지난날들을 돌아보기에 안성맞춤이라는 생각마저 들었습니다.

속초항에서 승선을 하고 부산항에 도착했지요. 항해 중에는 드넓은 바다가 주는 자연의 신비(神秘)와 우주(宇宙)에 대한 경외가 다시금 새롭게 느껴졌고 망망한 대해를 바라보며 마신 와인이나 매일 밤 색다른 쇼를 관람하는 하루하루가 마치 다른 행성에 온

듯 황홀했습니다. 부산에서 이틀을 머물면서 새로 증축된 당신의 모교인 대학 건물을 후배 남녀 학생들이 안겨준 꽃다발을 안고 둘러본 하루가 참으로 인상 깊었습니다. 참 동창 내외분이 사주신 해운대의 점심도 훌륭했고요. 잠시지만 저도 부산에서 보고픈 친구까지 만났으니 짧은 일정이었으나 더없이 행복했습니다. 언제 이런 여행을 다시 할 수 있겠습니까. 옛날이야기 하나 해볼까요? 전에 친구들이 말했지요. 사업이 잘되면 아이들이라도 속을 썩이는데 어떻게 공부까지 잘하느냐고, 원하는 대학에 척척 붙는 것을 보고 했던 말입니다. 그땐 정말 그랬지요. 지금 우리는 모든 것을 놓은 지 오래이지만, 아이들이 성장해 자신의 책임을 다하고 장남은 우리의 몫까지 감당하며 열심히 지켜주고 있으니 얼마나 다행한 일인지요? 격주 토요일마다 온 가족 20여 명이 모여 식사를 한 지도 벌써 이십 년이 가까워져 오나 봅니다. 맏며느리가 며느리 카톡 방을 만들어 서로 중복되지 않게 메뉴를 정하고 이끌어 온 지도 참으로 오래되었네요. 요즘은 며느리 셋에 손부까지 합세하다 보니 임금님의 수라상인 양 메뉴도 다채롭습니다. 바쁜 세상에 쉽지 않은 일이지요. 그런데 말입니다. 며칠 전 둘째 손자에게 너는 30이 넘었는데 장가갈 생각도 하지 않느냐고 물었더니 "이렇게 반찬을 해가지고 격주마다 모이니 어디서 여자를 데리고 오겠어요? 친구들도 깜짝 놀라는데." 해서 모두가 한바탕 웃었습니다. 그래서 내가 할아버지와 할머니 떠나고 나면 둘째 아빠랑 셋째 아빠나 고모부도 이렇게 자주 오시지 않을 터이니 염려 말고 데려오라 했더니, 큰며느리가 대뜸 한 달에 두 번씩 가족이 모여 식사하는 것이 무엇이 힘드냐며 그런 며느리는 나도 원치 않는다 하더라고요. 역시 맏아들, 맏며느리는 타고나나 봅니다. 그렇다고 나무라진 마세요.

편지가 길어졌네요. 이제 우리 앞에 남겨진 시간도 그리 길지는 않겠지만 전혀 두렵지 않습니다. 부족한 믿음이나, 매일매일의 기도 중에 이 말만은 잊지 않지요. 자식들에게 육체적인 짐까지 지우지 않게 내 몸 스스로 움직일 수 있을 때까지만 살다 떠날 수 있게 해 주십사 하고요. 애교스럽지 못한 성격이라 평생 곰살궂게 다정한 말 한마디 하지 못하고 살았으나 그래도 마음 한편으로는 늘 감사하고 고맙다는 생각은 잊지 않았습니다.

끊임없이 흐르는 시간들을 과거와 현재 그리고 미래, 그중 특별한 날들을 분별해가며 삶에 의미(意味)와 소망(所望)을 담으려 노력해 왔으나 많이 부족했음을 압니다. 한 생의 끝자락, 저무는 길목에서도 광대무변(廣大無邊)한 자연의 신비와 미미한 인간이 만나는 즐거운 체험, 잠깐이나마 현실을 넘어 느껴본 순간이 다시 한 번 삶의 성찰(省察)을 가져다준 계기가 되지 않았을까 하는 생각도 해 봅니다. 고맙습니다.

(2019)

삶은 인내로구나

강을 바라보다

창문에 기대어 물끄러미 강물을 내려다본다. 가랑비는 그칠 줄 모르고 회색빛 강물은 겹겹이 쌓여 뒤척이면서도 정지된 듯 적막하다. 지나온 일상에서 조금 떨어져 나를 바라보는 시간, 텅 빈 흐린 날 오후의 상념이 때론 사람을 우울하게도 만들지만 이러한 사색의 정서는 분주하게 흩어져 버린 마음의 중심을 발견하게 하는 계기가 되기도 한다. 오늘도 그랬다. 오래전 딸네 식구를 외국으로 보내고 돌아와 내려다본 그때의 강물처럼 정적(靜寂) 속에 갇혀 출렁이는 강물에서 이제는 강을 떠나야 하는 아쉬움이 허전했던 그 날의 단상을 떠올렸나 보다.

나이 들어 한동안 물을 바라보고 살면 쓸쓸하고 고독해져서 우울증에 걸리기 쉽다고 말하는 사람들이 있다. 그러나 나는 그때마다 같은 물이라도 바다와 강은 다르다고 힘주어 말하곤 한다.

섬 하나 보이지 않는 망망한 대해에서 수평선을 바라보면 수직이 아닌 곡선에 새삼 지구가 둥글다는 사실을 확인하게 되고 그런 대자연의 위용 앞에 인간의 존재가 참으로 왜소하게 느껴져서인지 느닷없이 말문이 막혀 먹먹해지기도 했다. 잠시 머물던 부산 광안리 아파트 거실에서도 그렇게 느꼈었고 여행 중에 대서양이나 카리브해를 지나면서도 그랬었다. 여행 중에 자유롭지 못한 언어 소통으로 겪게 되는 단순한 고독이 아닌가 생각하기도 했지만 그건 드넓은 바다가 주는 원초적인 고독임을 뒤늦게야 깨달았다.

그러나 강은 달랐다. 도시는 강을 중심으로 형성되고 변해간다. 강에는 수많은 다리가 생기면서 도시는 팽창해 간다. 강 건너 초현대식 아파트의 군상(群像)은 옛것과 새것이 어우러져 온전한 도시로 탈바꿈하면서 세월과 더불어 비대해져 간다. 다리를 통과하는 빈번한 차량들의 행렬은 쓸쓸함 대신에 오히려 활력까지 불어넣어 준다.

그래서인가, 나는 강 근처에서도 태어나지도 않았고 그렇다고 강에 얽힌 좋은 추억도 없으면서 한동안 강을 보며 살고 싶었다. 많은 것을 겪고 끌어안은 채 소용돌이치면서도 겉으로는 미동도 없이 흐름을 계속하고 있는 강물, 그런 강을 바라보고 산다면 일상에서 알게 모르게 자라나는 불평의 싹도 깨끗이 씻어가며 사소한 것들에서 벗어나 더 큰 세계로 데려다줄 것만 같았다. 강을 따라 생각은 흘러가고 흘러오기에 늘 바라만 보고 있어도 지루하지 않을 것이라는 생각이 들면서 그 넉넉한 여유를 닮고 싶기도 했다.

그러나 자연과 사물은 감정의 기복에 따라 다르게 비치나 보다. 강물이야 어제가 오늘인 듯 흐름을 계속하지만 바라보는 감정과 시각에 따라서 이처럼 다를 수가 있는지 모르겠다. 해 질 녘의 강물은 왜 그리 맑고 서러운지 나도 모르게 풍덩 빠지고도 싶었던 강물, 수많은 돌부리를 만나도 오직 목적지만을 향해 멈춤이 없는 강가에서 얼마나 더 많은 시간을 서성이며 기다려야 저 의연함을 배울 수 있을까. 세월 따라 변해가는 것은 사람의 마음뿐, 시공(時空)을 초월하는 한결같은 삶은 없나 보다.

땅거미가 지고 어둠이 내리자 한강은 또 다른 질서로 깨어나기 시작한다. 양화대교와 성산대교의 가로등이 하나둘 켜지고 강물 속으로 곤두박질친 오색의 불기둥은 물결 속에 금강석을 뿌려놓은 듯 반짝인다. 이 명멸하는 불빛 속으로 차들은 쉼 없이 달려가고 달려온다. 당산철교에는 미끄러지듯 전철이 달리고 유람선은 어김없이 거슬러 오른다. 비는 여전히 뿌리는데도 탑승객이 많은지 불빛이 요란하다.

저 의연함은 아직 닮지도 못했고 강에 대한 좋은 글 한 편 써보지 못하고 떠나게 되겠지만, 지난날을 돌아보면 모두가 소중하고 행복했다. 강을 보며 살고 싶다는 어미의 소망을 들어 준 아들의 배려가 고맙고 강과 함께 보낸 순간순간의 기억들은 언제까지나 내 가슴속에서 멈추지 않는 그리움으로 강물처럼 휘돌아 흐르겠지.

마주 앉아 향기로운 차 한 잔을 나누듯이 다시 강과 마주한다. 봄이 지나간 자리에는 어느새 여름으로 가득 차 있고 그림자 드리운 강물은 어제에서 오늘로, 다시 아침에서 저녁으로 치달으며 달려간다. 안개에 싸인 하늘은 강물로 내려앉을 듯 무겁기만 하다.

하지만 내일이면 다시 저 어둠을 묻은 아침 햇살이 조용한 강물 위에 반짝이는 무늬들로 찬란히 빛나면서 모든 것은 지나간다. 다 지나가게 되어 있다고 다독이며 속삭여 주리라.

강을 보며 지낸 내 삶의 소중한 시간들, 기쁜 날도 많았고 슬픈 날도 있었지만 그 모두가 나를 만들어 준 온전한 나의 삶이었다. 소망하던 대로 강을 보며 살았으니 이제 다시 남은 삶은 초록의 숲을 바라보며 나이 들어 자칫 적막(寂寞)해지려는 마음을 새소리와 아이들의 웃음소리로 채워가며 늙어갈 수 있으면 좋겠다.

(2015)

삶은 인내로구나

동생의 말이 틀린 것은 아니다. 아무리 좋은 시설과 쾌적한 환경에서 모신다 한들 자식과 함께 사는 내 집만이야 하겠는가. "나는 절대로 그렇게는 못 해" 단호하면서도 격앙된 어조에 나는 한 마디 변명도 못 하고 멀거니 앉아 있었다.

내 생각이 짧았을까. 어머님의 속내도 그러하셨지만, 온종일 혼자서 보내셔야 하는 긴 하루를 비슷한 연세의 노인들과 말벗을 하시면서 소일하면 뒤늦게나마 삶의 활력을 찾으실 것만 같았다.

어머니가 구순을 넘기신 지도 몇 해가 지났다. 기력은 쇠잔하고 거동도 자유롭지 못하시지만, 정신력은 아직도 대단하시니 가장 견디기 어려운 것은 노년의 외로움이다. 묵은 정을 나눌 형제나 친구 하나 없이 그저 아들 며느리의 퇴근이나 기다리며 두 딸과의 만남이 고작인 생활, 이 처절한 고독과 단절이 무엇보다 힘들게 느껴지실 것이다. 그래서 늙는다는 것은 서러운 일이지 않을까.

'내가 이렇게 오래 살 줄은 정말 몰랐다. 자식들의 머리가 희끗희끗 서리를 인 나이가 되도록 살다니 민망해서 못 살겠다.' 하시며 신문이나 잡지에서 오려두셨던 노인장기요양원에 대한 기사가 실린 쪽지를 넌지시 내게 내밀곤 하신다. '집에서 모시는 것만이 효도가 아니라 활기찬 노년의 삶을 찾아 드려야 한다.'는 굵은 활자가 선명하게 눈에 띄었지만, 그런 어머님의 의중은 진즉에 알면서도 용기를 내지는 못했다.

장수(長壽), 과학의 진보(進步)가 가져다준 선물이라고는 하나, 오래 산다는 것이 과연 무슨 의미가 있을까. 그냥 존재할 뿐, 아무런 사명감도 없이 소멸만을 준비하며 사그라지는 육신, 삶의 미련도 아쉬움도 삭인 채 생명과의 이별만을 다소곳하게 순명(順命)으로 기다려야 하는 긴 시간들, 늙으면 몇 년도 하루 반나절처럼 순식간이라 하지만, 그것도 할 일이 있는 나이에 합당한 말이지 무료한 기다림 속에서 저물어가는 시간은 그렇지만도 않다. 지난날의 추억도 세월의 허망함에 대한 푸념도 동시대를 겪은 이들만이 나눌 수 있는 대화가 아닌가.

휑한 바람 한 줄기가 가슴을 훑고 지나간다. 갑자기 마음이 급해졌다. 인터넷을 찾고, 친구의 어머니를 모셨다는 곳의 전화번호를 메모하고 집을 나섰다. 헛수고였다. 노인들이 환자복을 입고 있는 것은 어머니가 환자가 되시는 것 같아 싫었고, 콘크리트 벽에 꽉 막힌 답답한 건물도 마음이 내키지 않았다. 그냥 지금처럼 아들과 딸 집을 오가며 사시는 방법밖에 없다는 결론을 내린지 얼마 후, 잘 아는 분의 동생 내외가 경영하는 '너싱홈' 을 알게 된 것이다.

내친김에 안내를 받았다. 근처에 녹지(綠地) 때문인지 서울 근교인데도 공기가 다르게 느껴졌다. 나지막한 3층 건물에 그리 넓지 않은 정원은 아늑하고 낯설지 않았다. 2인 1실의 방도 식당도 정갈했다. 무엇보다 삼삼오오 앉아서 오수(午睡)를 즐기시는 모습이 마치 마실 나온 할머니들처럼 평화로워 보였다. 원장 내외와 함께 방문한 내게 어머님처럼 고운 할머니 한 분이 잔잔한 미소로 반기신다. 어머니에게도 저분과 같은 말벗이 계신다면 얼마나 좋을까.

어머니의 꿈은 상상으로만 가능했다. 세상이 아무리 변해도 변하지 않는 것도 있는 법이다. 오랜 유교 가정에서 자라 보수적인 사고방식을 가진 동생으로서는 병환으로 병원에 모시기 전에는 절대로 있을 수 없는 일이었다. 자식으로서 당연하고 근원적인 효심이라 믿으면서도, 내가 나이가 들어서일까, 잠시만이라도 어머니의 진저리나는 고독에 작은 변화라도 안겨 드리고 싶었는데…

어머니는 포기하셨다. 아들의 마음을 불편하게 할 수는 없다고 하셨다. 간절히 원하셨던 일이지만, 야단스러운 한탄이나 후회도 없이 삶이 순환하는 이치를 조용히 받아들이셨다.

반상이 부질없어진 오늘이지만 정승의 후예답게 자신보다 이웃과 나라를 걱정하시는 어머니, 자연의 이치와 신 앞에 겸손하게 자신을 낮추시는 지혜, 가녀린 체구 어디에 그런 강인한 의지를 숨기고 계시는지 '괜찮다, 괜찮다.' 라고만 하신다. 결국 삶을 지탱하는 힘은 집념이나 열정이 아닌 인내와 순리라는 생각이 든다.

어느 쪽이 어머님에 대한 진정한 배려일까. 시간이 더 지나면 누구와 이야기를 나눌 기력조차 없으실 텐데. 어머님은 체념하셨지만, 나는 숙제를 못 푼 아이처럼 전전긍긍이다.

정물처럼 창가에 앉아 계신 어머니의 허물어질 듯 야윈 어깨 위에 내려앉은 노을빛이 서글프다. 무슨 생각을 저렇게 골똘히

하고 계시는 걸까. 지난날, 동생이 데모에 가담했다가 '긴급조치 9호' 로 겪어야 했던 치유할 수 없는 상처와 아픔, 그 암담했던 세월을 보내고 유학길에 올라 자랑스럽게 MIT에서 학위를 받던 날에 흘리셨던 환희(歡喜)의 눈물, 지나온 세월이 아무리 깊고 멀어도 가슴 속에 화인(火印)같이 찍혀있는 회한의 무늬들을 지우지 못하고 오늘도 풀어놓고 계시는 것은 아닐까.

기나긴 여정 끝에 다시 마주한 고독이라는 큰 산을 힘겹게 넘고 계신 어머니. 구상 시인의 말처럼 "삶은 인내로구나, 길고 긴 인내로구나!"를 곱씹게 된다.

(2010)

낙엽귀근(落葉歸根)

곱게 떨어져 바람에 흔들리고 있는 은행잎을 살살 비껴가며 발걸음을 옮긴다. 며칠 전만 해도 구름처럼 가지를 피워 낸 은행잎들이 온통 하늘을 휘저어 마음까지 노랗게 물들이나 싶더니 어느새 휑해진 나뭇가지 사이로 펼쳐진 새파란 하늘빛이 차갑다.

추위에 강도를 조금씩 높여가는 바람 사이, 쓸쓸해지려는 마음에 낙엽들이 적막을 거든다. 늦가을 빛이 만연한 만추(晩秋)의 계절도 이제 겨울에게 자리를 물려주려나 보다. 찬 바람을 등에 업고 어디론가 떠나는 낙엽들, 무상하게 사라지는 것들이 왜 저리 아름다울까.

'낙엽귀근(落葉歸根)' 이란 말이 다시 떠오른다. 요즘 내 머릿속을 맴돌고 있는 단어이기도 하다. 이 말은 잎사귀는 뿌리에서 생긴 것이니 다시금 본디 자리로 돌아간다는 뜻이다. 의연히 제자리에서 몫을 다하고 홀연히 흙으로 되돌아가는 갈잎의 모습이 마치 인연이 다해 이승을 떠나는 수행자들을 닮았다고나 할까. 다시 떨어진 잎들은 뿌리를 도와 얾을 막고, 곱게 썩어 어미 나무에 기름진 거름이 되어준다는 말이기도 하다. 바람에 실려 군무(群舞)처럼 이어지는 저 순연한 빛깔의 잎들은 지금 어디로 가는 걸까. 들과 산에서 살아온 것도 아니고 가로수로 소임을 다했으니 뿌리를 도와 제자리로 들어갈 수도 없을 테고, 남은 잎마저도 떠나갈 운명이 아닌가. 그렇다고 잎을 털지 않으면, 줄기로 물을 올리지 못하니 가지나 잎에 수분이 증발해 나무가 죽게 되므로 추위를 견디기 위한 자구책이라지만, 서둘러 겨울 채비를 하는 그들에게 유비무환(有備無患)의 슬기를 배우면서도 애처로운 생각이 든다.

2~3년을 달고 사는 침엽수를 제외하고는 모든 활엽수는 매년 잎을 털고 봄이면 다시 잎을 틔운다. 인간의 수명은 단 한 번뿐이라 해도 사라지고 태어나는 자연스러운 섭리는 생물학적 의미에서나 자연이나, 인간, 사물에도 차별이 없음을 통감한다. 순환하는 우주의 법칙에 따라 돌아오고 다시 제자리로 돌아가는 이치는 같지 아니한가. 요즘 들어 낙엽귀근이란 말을 자주 생각하게 되는 것도 당연한 귀착인지 모르겠다.

2년 전 큰아들 내외가 제의를 했다. 이제 부모님을 모시고 살겠다는 것이었다. 마음이 놓이지 않는다며 두 가족이 함께 살 수 있는 집으로 옮긴다고 말했다. 그래서 아버지 연세 팔십 중반이 되고, 내가 팔십이 가까워 일하기 힘들어지면 그때 합치자고 2년을 연장해 놓은 것이 바로 금년이다. 남달리 재미있게 사는 부부는 아닐지 몰라도 오십 년 넘게 살아 온 살림을 정리한다고 생각하니 왠지 마음이 허허롭다. 언제부터인가 모든 가구나 집기들이 붙박이가 된 지 오래이긴 해도, 가끔은 생활용품점에 가면 구입은 하지 않아도 예쁜 그릇이나 식탁보며 앞치마를 기웃거리는 여자임에는 틀림없는데. 마음의 결정은 하고도 전전긍긍하고 있는 내게 친구들은 이렇게 말하곤 한다.

"함께 살면 좋은 점도 많지만, 건강만 허락한다면 아직은 둘이 사는 것도 괜찮지 않을까?" 하는 친구가 있는가 하면 "요즘에 같이 살자는 아들 며느리가 어디 있어요? 같이 살자는 자식이 없는 것이 걱정이지요. 좋겠네요?" 하는 친구도 있다.

모두가 맞는 말이다. 자기들도 좋기만 하겠는가. 자유롭게 살다가 함께 산다면 불편한 점도 많을 터이지만 이제는 노인이 된 부모를 모시고 살 때가 되었다는 것이 그들의 생각인 모양이다.

여느 날처럼 가족 모임이 있던 지난 토요일, 저녁을 먹고 10시가 넘어 일어서려는데 막내인 형준이가 돌아오지 않는다. 수능이 얼마 남지 않아서 도서관에서 공부를 하고 오느라 벌써 두어 달을 얼굴도 보지 못했던 터였다. 그 애 방으로 들어가 A4용지 한 장을 꺼내 "형준아, 올 때마다 잘생긴 얼굴 못 보고 간다. FIGHTING!"이라 쓰고는 용돈을 조금 놓고 나오려는데 며느리가 말했다. "형준이 수능 끝나면 방 정리를 하려고요."라는 말에 "뭘 벌써. 아직도 멀었는데" 하니까 "저희가 이 방을 쓰고 부모님께서 안방을 쓰시도록 하려고요."라는 것이다. 말끝을 제대로 맺지 못하고 나왔지만, 집으로 오는 내내 아무리 생각해 봐도 그건 아니다. 안방에는 서재와 드레스룸이 딸려 있고 강의 준비도 해야 하니 주인이 쓰는 것이 당연하지, 할 일 없는 두 늙은이가 이쪽 거실과 방이면 족하지 무슨 안방까지 차지하겠는가. 그렇게까지 배려하려는 그들에게 아직도 마음이 흔들리고 있다는 것은 참으로 과한 욕심이 아닌가.

늙으면 서럽다고 한다. 오갈 데 없는 늙정이를 털어도 떨어지지 않는 노인의 구두 밑창에 달라붙은 '젖은 낙엽'에 빗댄다는 말이다. 우리는 그런 젖은 낙엽이 되지 말고, 뿌리를 도와 얽을 막아주고 곱게 썩어 기름진 거름이 되어보자. 늙으면 늙는 대로 도움이 되는 일이 있지 않을까. 모든 것을 내던져도 아깝지 않은 그 어떤 것이 저물어가는 허망한 인생 속에도 숨어 있음을 낙엽 길을 걸으며 곰곰이 생각해 본다.

모든 것은 때가 있는 법이다. 삶의 여정(旅情) 중에 그때그때 해야 할 일이 있다. 사람을 만나는 기회도, 쉬어야 하는 것도, 배우는 것도 때가 있는 법이다. 다시 오지 않을 시간, 후회하지 않도록 형편에 맞게 현재의 삶을 충실하게 가꾸며 서로에게 작은 도움이 되도록 노력해 보자. 꽃 피는 화창한 봄이나 단풍이 고운 가을, 몇 번이 될지는 몰라도 가끔은 우리가 아이들 집을 찾아 맛있는 음식도 함께하며 좋은 추억을 남기고 남은 길을 마무리할 수 있으면 좋겠다.

잎을 턴 나목들이 새봄을 기다리며 추위를 견디고 있다. 나도 천천히 정리를 시작해야겠다.

(2014)

작은 것의 소중함

출근 시간이 지난 전철은 한가하다. 내게는 비교적 이용할 기회가 적은 노선이나 승차를 할 때마다 정겨움이 느껴진다. 오이도나 대공원으로 나들이하는 승객들의 물색 고운 간편한 복장이 화사해서인지, 내가 이 노선을 탈 때면 거의 대공원행이었으니 내 상쾌한 기분 때문인지도 모르겠다. 오늘도 그곳에서 동창들과 산책이 예정되어 있는 날이다.

경로석에 자리를 잡았다. 한 뼘 어치의 햇볕도 허용되지 않는 땅속을 달리면서도 가을 햇살만큼이나 포근한 정적 속으로 옆자리에 앉은 부부의 정다운 대화가 감미롭게 들린다.

"우리 대공원에 가서 코끼리 열차도 타고 걸어보자. 날씨가 좋아 산책하기 좋겠지?" 하는 남편 말에 아내가 "하늘공원이 아니고 대공원이에요?" 방향감각도 없는 엉뚱한 대답이지만 사랑스러운 말씨다. "거기는 당신이 좀 힘들 것 같아서 이리로 왔어." 하더니 이 전철의 종점인 오이도가 생각나느냐고 묻는다. 아내가 고개를 젓자 "왜 바다에 둥근 돌이 많고, 우리 조개구이랑 회 맛있게 먹지 않았어?" 한다. 그제야 생각이 난 듯이, 아! 하며 공손히 수긍을 한다. "가을도 그리 길지 않을 텐데 우리 부지런히 나들이를 하자. 용문사도 가고 설악산도 가고…" 남편의 음성에는 진솔한 사랑이 그대로 묻어났다. 태산 같은 삶의 무게를 다 내려놓은 듯한 홀가분함이 주는 평화, 곰삭은 연민의 정이 그대로 배어 있었다.

특별할 것도 없는 그들의 대화가 왜 이렇게 아름답게 들리는 것일까. 애정 어린 남편의 배려나, 남편의 말을 존중하는 아내의 공손한 태도가 인상적이어서일까. 서로를 깍듯하게 존중하는 부부 모습에 감동을 받았나 보다. 평생 푸대접만 받고 살아온 것도 아니면서 매사에 감사할 줄 모르는 태도나 냉기가 도는 말투, 너무 익숙해져 미처 의식하지 못했던 내 지난 시간들을 되돌아보게 한다.

어떤 모습일까. 두 사람의 모습을 정면에서 보고 싶었다. 대공원을 가기 전, 선바위역에서 만나 점심을 먹기로 예정되어 있었으나 두어 정거장 전에 일어나 그들 앞에 섰다. 지극히 평범한 노부부, 명예나 부와는 거리가 멀어 보였지만 티 없이 맑고 행복한 표정이다. 성공한 사람보다 행복한 사람이 아름답다는 말은 맞는 것 같다. 성공한 사람은 앞만 보고 달리느라 욕망의 끈을 놓지 못해 불행할 수도 있지만, 행복을 삶의 기준으로 삼는 사람은 외모로는 화려하지 못해도 내면으로는 풍요롭기 때문이리라. 이렇게 바라만 보아도 따뜻하게 느껴지는 사람이 있는가 하면, 조금만 떠올려도 미소가 넘치는 기억들도 있다. 비록 짧은 순간이지만 이런 날은 참으로 행복하다.

선바위역에서 내렸다. 그리운 얼굴들이 환한 웃음으로 반긴다. 감출 수 없는 세월의 흔적에도 어딘가에 소녀 같은 흥분이 비친다. 봄이 갈 무렵에 만났으니 족히 4개월이 지났나 보다. 두 친구의 모습이 보이지 않는다. 한 친구는 다리가 아파서, 또 다른 친구는 남편이 입원해 불참이란다. 아쉽기는 했지만 이제 모두 그럴 나이가 아닌가.

가을의 대공원은 만원이었다. 정갈하게 심어놓은 꽃들이 잘 차려입은 여인네처럼 화사하다. 호젓한 오솔길을 택해 우리는 걷기 시작했다. 청정한 바람을 맞으며 먼저 크게 호흡을 한다. 하늘을 가린 나무들 사이로 숲의 향기가 슬며시 밀려와 가슴 벅찬 환희로 온몸을 감싼다. 비록 말은 없었지만 지금 우리가 머물고 있는 이 시간이 참으로 경이로운 순간임을 깨닫는다. 최고가 아니라 최선의 삶도 아름답다. 이러한 사소한 기쁨들이 모여 삶의 보람과 원동력이 되고, 작은 것에 소중함을 인식하면 지금껏 알지 못했던 깨달음도 얻게 되는 것이 아닌가. 뻔한 일상에 습관적으로 기대어 고마움을 모르고 부족하게만 느끼며 살아 온 내 유약한 삶이 한없이 부끄럽게 느껴진다.

수만 그루의 나무가 있는 숲에도 같은 모양의 잎이나 낙엽이 하나 없듯이 하물며 똑같은 사람, 똑같은 삶이 어디 있겠는가. 비교하거나 견주지 말고 있는 그대로를 사랑하며 덮어주고 채워가며 사는 것이 아름다운 삶의 여정인 것을.

우수수 나뭇잎이 흩날린다. 제법 바람이 차다. 가을의 맛을 이렇게 만끽한 것도 실로 오랜만이다. 서둘러 공원을 나서려는데 남편의 재활을 돕는 한 여인의 모습이 시야에 머문다. 아침과는 반대로 이번에는 아내가 남편을 돕고 있다. 그 여인은 친구들과 산책을 나온 우리가 얼마나 부러울까. 건강하다는 것만으로도 큰 축복이다. 시인 백거이(白居易)도 이렇게 말하지 않았던가.

달팽이 뿔 위처럼 작은 세상에서 무엇 때문에 서로 싸우고 있는가. 부싯돌 같은 인생에 이 한 몸 맡겼을 뿐인데 부(富)하면 부한 대로 빈(貧)하면 빈한 대로 인생은 즐기는 것이리라. 입 열어 크게 웃지 못하는 자는 정녕 어리석나니.

낙엽 대신 그리움을 줍고 온 오늘, 사랑도 지나치면 병이라지만 그래도 한번 걸려보고 싶다는 생각이 든다. 사랑이란, 그토록 평범한 삶 속에서 꽃핀다는 것을 이제 새삼 안 것도 아닐 텐데 말이다. 아! 이것도 가을 탓이다.

(2012)

뭘 몰라도 한참 모르네

가을날의 오후는 짧다. 창가에 머물던 노을도 어느새 희뿌옇게 사그라지고 어둠이 내린다. 또 하루가 저물고 있다. 쉼 없이 흐르는 세월 속, 하루가 다르게 변해가는 서로의 모습에 연민을 느낀다. 이제 우리에게 남은 길지 않은 시간, 아낌없이 배려하며 매사에 최선을 다하는 그런 매일이 되기를 바라지만 오늘은 어제가 되고 모든 일에는 후회만 남는다.

그날 저녁도 그랬다. 식탁에 앉으려던 남편이 입맛이 없다며 심드렁했다. 별 뜻 없이 한 말인데도 성의 없이 차려진 식탁이 미안했던지 나는 뜬금없이, 며칠 전에 도우미 아줌마한테서 들은 이야기를 꺼냈다. "아줌마가 그러는데 나처럼 남편 공경 잘하는 사람도 드물다는데" 이렇게 말을 하자, 남편은 대뜸 "그 아줌마가 뭘 몰라도 한참 모르네." 하는 것이었다. 빈말이라도 긍정적인 답변을 기대했던 나는 심사가 뒤틀렸다. "아줌마가 모르긴 뭘 몰라요. 여러 집을 다녀 본 경험에서 나온 말인데, 그럼 또 내가 잘못한 건 뭐가 있어요?" 이미 내 말에는 가시가 돋쳐 있었다.

내 안의 잠재된 이중성일까, 최선을 다하자고 주문처럼 외우던 생각은 어디로 가고 화가 치밀어 올랐다. 나이 들어가며 이 정도 하면 잘하는 것이지 무엇을 더 바라는 거야. 요즘 시쳇말로 간이 배 밖으로 나온 모양이지. 가족들 뒷바라지로 평생을 바친 아내를 대신해서 생겨난 요즘 유행어는 들어보지도 못했나 봐. 그래도 나는 친구들이 여행을 가자고 해도 함께하는 여행이 아니면 사양해 왔는데 뭘 몰라도 한참 모르는 것은 아줌마가 아니고 자기네.

둘이 살면서 소 닭 쳐다보듯 지내다 보니 집안은 그야말로 적막강산이다. 그래도 남편은 내가 화가 난 이유를 아는지, 모르는지 여전히 꼭 해야 할 말은 한다. 나는 그것마저도 밉고 심사가 틀렸다. 아내가 무엇 때문에 화가 났는지도 모른다니, 이렇게 혼자 구시렁거리며 여러 날을 보냈다.

근래에는 식생활 문화도 예전과 많이 달라졌다. 물론 연령층이나 생활반경에 따라 다르겠지만, 노부부의 가정은 특히 그렇다. 회사나 학교에서 돌아오는 가족을 위해 정성 들여 저녁을 준비하던 세월은 먼 옛날이야기가 되고, 요즘은 아이들이 모이는 주말이 아니면 신경을 쓰게 되지 않는다. 함께 집에 있는 날은 오히려 점심을 정성 들여 준비하게 되고, 외식을 한 날도 저녁은 별로 생각이 없다. 그래서 저녁은 늘 간단하다. 성의 없이 보이긴 해도 그것이 바로 건강을 위한 식단이 아니겠는가. 남편도 호응을 했지 탓한 적은 없었다. 공연히 예민했던 것은 분명 내 쪽일 수도 있지만, 그렇다고 섭섭한 마음이 쉽게 풀리지는 않았다.

그러던 어느 날, 동창들과 '오이도'를 다녀온 남편이 알도 꽉 차고 살아서 펄펄 뛴다며 게 한 상자를 사 들고 왔다. 간장게장을 담그라는 것이었다. 나는 "먹고나 오지, 누가 그런 것 사 오랬냐"며 나도 모르게 화를 벌컥 냈다. 결혼식을 다녀온 터라 피곤하기도 했지만, 아무리 열심히 해도 잘하는 줄도 모르는데 더 이상은 않겠노라고 단호하게 말했다. 난감해하던 남편은, 누구에게라도 빨리 보내주자고 하더니, "그럼 나는 아프단 말도 내 마음대로 못 하느냐"라며 엉뚱한 말을 하는 것이었다. 정말 남편은 뭘 몰라도 한참 모른다. 여기저기가 아프다는 말에 우리 나이에 그 정도는 괜찮다며 시큰둥하게 대답한 적은 있지만, 그런 일로 화를 내지는 않는다. 내가 어이없는 표정을 하자, 다시 말을 잇는다. "어쩌다 혼자 집에 있는 날은 나도 스스로 잘 챙겨 먹는다는 이야기인데, 그게 틀린 말이냐"며 되묻는 것이었다.

남편의 말에도 일리는 있었다. 조석이나 잘 챙겨준다고 아내의 책임을 다하는 것은 아니지 않은가. 성격이기도 하지만, 애교스럽지도, 곰살궂지도 못한 아내가 남편인들 마음에 들기만 하겠는가. 항상 내 생각이 옳다고 주장하는 내게도 문제는 있었다. 서운했던 마음을 가라앉히려는데, 나도 모르게 비식 하고 웃음이 났다. 지난번 식사 중에 있었던 일이 생각나서였다.

학회에서 돌아와 피곤한 기색이 역력한 아들에게 "대학원생들 논문 발표를 시킨다고 그 멀리까지 다녀왔으니 고생도 많았겠지만, 항공료며 체류비도 만만치 않았겠다."고 하자 "연구비로 아껴 쓰는 것인데요." 했다. 나는 어느 신문에서 읽은 글이 생각나, "어렵게 받은 연구비를 관광으로 낭비하는 교수도 있다던데, 너는 참 훌륭한 교수구나." 했더니, 술에 좀 취한 아들이 "어머니, 그렇다고 그걸 수필에는 쓰지 마세요." 해서 온 가족이 한바탕 웃은 적이 있다. 나중에 남편이 이 글을 보면서 자기 자존심을 구겼다고 정말 화를 낼지도 모른다는 생각에서 웃음이 나왔나 보다.

하지만, 서운함을 갈피갈피 묻고 미워하며 사는 것보다는 차라리 한바탕 화를 내면서라도 풀어버리는 것이 현명한 부부의 지혜가 아닐까.

게를 씻으러 부엌으로 나왔다. 맑은 물에 게를 깨끗이 씻으며 불편한 심기가 덕지덕지 붙어 있던 그간의 일상도 흐르는 물에 말끔히 헹궈낸다.

때론 미웠다가, 고마웠다가 하면서 먼 길 함께 걸어온 오랜 부부의 연민일까, 주름살 속에 감춰진 속 깊은 배려가 은근하고 은은하다. '있을 때 잘해 후회하지 말고' 란 노랫말처럼.

뭘 몰라도 한참 모르는 것은 나였는지도 모른다.

(2009)

다시 태어난 난지도

쓰레기의 산 난지도가 월드컵공원으로 새롭게 태어났다. 15년간 서울의 생활 쓰레기가 만들어 낸 두 개의 산 난지도는 일천만 서울 시민의 공동 작품이었다. 긴 세월, 썩기를 거부하고 몸살을 앓더니 이제 황폐했던 모습을 감추고 자연으로 돌아갔다. 쓰레기 산을 후손에게 물려줄 수 없었던 것은 우리 모두의 염원이었다.

여의도공원의 15배나 되는 거대한 규모의 월드컵공원은, 안정화 사업과 함께 생태계가 재생된 평화의 공원, 난지천 공원, 하늘공원, 노을공원과 서울올림픽 경기장 등으로 시민의 휴식 공간이 되어 21세기 서울의 비전을 보여주게 된 것이다.

넓고 시원스런 도로가 동서남북을 관통해 서울 전역에 이어지고 공원을 연결해 주는 도로에 간격 맞춘 가로등의 행렬은 연병장에 도열한 사열병인 양 질서정연하다. 좌우로 눈 한번 돌리지 않고 하늘만을 우러러 곧게 자란 노송의 군락은 선비의 기상을 닮아 장대하고 그 소나무 숲 사이에서는 지금도 월드컵의 함성이 들릴 것만 같다. 수백여 개의 대형 화분에는 갖가지 빛깔의 작은 꽃무리들이 앙증스럽고, 어디를 둘러봐도 쓰레기 산이라고 불리던 과거의 불명예스러웠던 흔적은 찾아볼 수가 없다.

모래내와 홍제천, 불광천이 물머리를 맞대고 들어오는 넓은 저지대와 한강 폭이 호수처럼 넓어 서호(西湖)라는 별명으로 불렸던 난지도. 맑은 샛강을 띠처럼 두르고 난초와 영지가 자라고 갈대가 어우러지며, 철 따라 온갖 꽃이 만발한 아름다운 이곳은 철새들이 날아드는 자연의 보고였다. 아득한 옛날 초등학교 소풍이야 자하문 밖 자두밭이 아니면 난지도가 아니었던가. 머나먼 기억 속에도 어렴풋하게 그리움으로 남아 있던 난지도가 언제부터인가 쓰레기의 천국으로 변해 가기 시작했다.

급진적으로 산업 근대화가 이루어지고 도시 공간의 확장과 더불어 넉넉한 식생활의 변화는 악성의 쓰레기를 만들어 갔다. 궁핍한 삶을 살아온 우리 세대에는 환경오염이나 쓰레기의 심각성은 서구 문명에만 존재하는 줄 알았었는데.

쓰레기차의 행렬은 난지도로, 난지도로 이어졌다. 15년을 줄

기차게 쏟아붓던 수거차의 행렬이 끊어지자 주위에 보이는 것은 모두가 쓰레기뿐이었다. 여름이면 푹푹 썩는 악취와 기승을 부리는 파리와 모기떼는 서교동은 물론 마포 전역을 괴롭혔다. 새벽부터 정원의 꽃향기를 몰아내고 생선 썩는 냄새로 아침을 열어주던 고통스러운 기억. 좋은 주택지라고 알려졌던 서교동은 악취 속에 점점 오지(奧地)가 되어갔다. 우리도 그랬고 모두가 떠나야 한다고 얼마나 고민을 했던가. 결국 몇몇 이웃은 강남으로 떠나기도 했지만, 참을성 있게 33년이란 세월을 아직도 이 자리에 다시 집을 짓고 사는 걸 보면, 비록 '재테크'는 못 했어도 선견지명은 있었던 모양이다.

평화공원에 들어선다. 자연과 인간, 문화의 공존과 공생을 통해 세계인의 화합을 기원하는 공간이라고 한다. 한강의 지류를 끌어들여 자연의 정취를 그대로 담은 난지 호수와 미래 지향적인 유니세프의 열린 광장이 그것을 말해 준다. 하얗게 뿜어내는 시원스런 물줄기 뒤로 난초와 부들의 군락지가 옛날 그대로인 양 한가롭고, 소풍 온 조무래기들의 재잘거리는 소리에 문득 흘러간 유년이 떠오른다. 이제 어린이를 동반한 저 가족의 행복한 나들이도 연인과의 멋진 데이트도 아닌, 할 일 없이 벤치에서 오수를 즐기는 쓸쓸한 노인처럼 변해 가는 자신을 본다. 다시는 돌아갈 수 없는 모습으로 여기에 머물렀던 지난 시간들이 머릿속을 빠르게 부유한다.

하늘공원에서는 풍력 발전기가 힘차게 돌아가고 광활한 초지(草地)에는 억새와 피, 메밀과 해바라기의 묘목이 끝 간 데 없다. 게다가 여러 종류의 조류와 서식처가 파괴되었던 맹꽁이까지 집단 서식하며 3만여 마리의 나비들이 자연스런 생태계를 만들어 가고 있다. 산 넘어 노을공원에는 개장을 앞둔 골프장의 넓은 잔디가 푸른 융단처럼 매끄럽고, 야생화 단지의 산책로가 꿈길 같다. 운동을 하거나 산책을 하다가 바라볼 서해의 낙조는 얼마나 아름다울까. 열광하듯 불을 뿜다가 저녁 해는 서산을 넘고 하늘 한쪽은 빨간 꽃잎을 쏟아 놓은 듯 붉게 타오르겠지. 그래서 노을공원이란 이름을 가진 것이 아닐까.

바람이 한바탕 매립장 주변을 흔들고 지나간다. 들꽃 중에 유난히 키가 큰 개망초가 흰 파도처럼 일렁인다. 악취는 간 곳 없고 꽃향기가 지천이다.

흐르는 세월 속에 쓰레기는 자원이 되고 불모의 땅은 거대한 생명으로 다시 태어났다. 악취의 원인이 되었던 메탄가스는 이제 난지도 지역의 대기 환경 개선과 에너지 대체 효과라는 일거양득의 성과를 올리고 있다. 경기장과 인근 지역 아파트의 냉난방 연료로도 재활용되고 있으며 앞으로 상암 택지 지구와 디지털미디어 시티에도 공급될 예정이라니 얼마나 경이로운 일인가.

우람한 숲에서 꽃과 나무를 보고 새들의 속삭이는 소리를 마음껏 들을 수 있는 아름다운 공간을 우리는 다시 후손에게 물려주게 되었다. 그러나 내 기억 속의 난지도는 거기에서 송사리를 잡던 유년과 때론 쓰레기 산에서 불던 황량한 바람도 함께하겠지. 석양 노을을 등지고 마지막 셔틀버스가 내려온다.

난지도에 서서히 어둠이 내린다.

(2002)

봉사가 가르쳐 준 기쁨

금년 가을은 소나기처럼 지나갔다. 은행잎의 간절한 모습에도 가을의 정취를 느끼지 못했고, 겨울의 길목에서 찾아들던 외로움도 모른 채 여름 같은 열정으로 보냈다. 이 모두가 봉사가 가르쳐 준 기쁨 때문이었으리라.

우리 봉사단체에서는 연말이면 '불우이웃 돕기' 행사를 갖는다. 바자회를 열어 기금을 마련하기도 하지만 회원이자 유명 가수의 디너쇼로 대신하는 경우도 있다. 그런데 금년에는 '회원의 밤'으로 그 명칭을 바꾸고 바자회와 함께 서툰 모습이나마 각 클럽 회원들의 장기로 꾸며보자고 결정을 내렸다. 아직도 내 옷이 아닌 것처럼 버겁기만 한 차기 총재의 책임은 더욱 나를 부담스럽게 했다. 고심하는 내게 서교클럽 회원들은 연극이라도 준비하자며 용기를 주었다.

시작은 어려웠다. 회원 모두가 참여하는 것을 원칙으로 했으나 회원들이 모여 연습을 할 장소도, 전원이 시간을 맞추는 일도 힘들었지만 뜻이 있는 곳에는 길은 있었다. K 회원이 매주 월요일마다 자신의 웨딩홀을 빌려주었고, 음료와 간식까지 준비해 주는 배려에 감사하며 연습은 시작되었다.

무대에 올릴 작품은 '최 진사 댁 셋째 딸'로 정해졌고, 그 경쾌한 리듬에 맞춰 율동을 하면서 우리는 까맣게 잊었던 학창 시절로 돌아갔다. 노년의 아픈 다리도, 산재한 일거리도, 삶의 분심도 노래에 실어 날려 보냈다. 연출을 맡은 L 회원은 자신의 일도 접어두고 열중하는 터에 결석은 엄두도 내지 못했다. 그의 멋진 춤과 끼에 넋을 잃어가며 차츰 모양새를 갖추어 갔다.

월요일은 눈 깜짝할 사이에 돌아오고 협회의 준비할 일도 많았지만, 회원들의 열성에 참석지 않을 수가 없었다. 빌려온 의상과 짚신, 갖가지 집기들, 수없이 남장 여인은 배출되고 최 진사의 수염과 갓은 양반의 권위로 위풍당당하다. 최 진사의 세 딸들, 그리고 칠복이, 먹쇠와 밤쇠, 타임머신을 타고 1950년대로 돌아간 우리는 모두가 농촌의 아낙이고 남정네였다. 곰보도 있고 깨 박사도 있고 서로 바라보며 배를 잡고 웃었다. 이 행사로 지출되는 경비에 나는 이렇게 말했다.

"열심히 해서 대상을 타보자. 전 회원이 출연하는 연극이니 최다수 참석상도 우리의 것이다. 부족한 부분은 크리스마스 장식품을 만들어 기금을 마련하자."

연습이 끝나면 냉면이나 우거지탕뿐인 긴축 살림에도 아침부터 먼 길을 달려온 회원들은 불평 대신 웃음꽃만 피워낸다. 꽃꽃이 회원들은 밤늦도록 크리스마스용품을 만들었다. 도와주지 못하는 회원들은 음료와 간식을 사 날랐다. 진한 우정과 사랑으로 귀는 열리고 가슴은 뜨거웠다. 열중하는 삶처럼 아름다운 모습이나, 자신을 송두리째 바쳐 땀을 쏟는 일이야말로 삶을 가장 아름답게 가꾸는 일이 아닐까.

모두의 노력은 헛되지 않았다. 행사장인 조선호텔 그랜드 볼룸은 수많은 인파로 초만원을 이루고, 우리들이 만든 코사지(corsage)와 작품들은 날개 돋친 듯 팔려나갔다. 뿐인가, 회원들의 연극으로 장내는 웃음바다가 되고 대상과 최다수 참석상도 우리의 몫이었다. 신입회원과의 거리감도 좁혀졌으며 기존 회원들의 단합된 모습을 보여줄 수 있었던 것 또한 흡족했다.

15년 전 어느 날, 내 집 내 가족에서 봉사의 영역을 넓히고 이웃과 더불어 사는 지혜를 배우고자 뜻을 합한 우리들, 이룰 수 없는 꿈은 꾸지도 않았으며 매스컴을 떠들썩하게 하는 영광도 원치 않았다. 그저 외롭고 소외된 이들을 위해 작은 정성을 베풀며 이어온 오늘이다. 누군가를 위해 나눔의 삶을 산다는 것이 얼마나 가슴 뜨거운 일인가를 깨우쳐온 시간들, 생소하던 봉사라는 단어가 조금씩 생활화되어갔다.

겨울이 가고 오길 몇 번인가. 통합병원 5층 계단을 한걸음에 오르던 젊음에서 한두 번을 쉬면서도 숨이 턱에 차는 초로의 나이다. 전날의 애잔하고 곱던 모습은 사라졌지만 서로를 닮아가는 모습이 여기 있다. 우리가 접어온 거즈는 수술한 장병들의 환부를 덮어주고, 수없이 감아올린 실타래는 얼마나 많은 환자들의 고통을 꿰맸을까, 초겨울이면 산같이 쌓였던 배추 소를 넣고 한동안 허리를 펴지 못했던 일이나, 중환자 병동을 돌며 눈물 훔치던 지난날의 소중한 기억들…

뿌리마저 뽑힐 듯한 위기도 있었으며 모진 비바람에 흔들리기도 했지만, 겨울이 가면 또다시 봄이 온다는 신념 하나로 지켜온 오늘이다. 금년 행사에서 보여준 회원들의 멋진 연극도 오랜 세월 다져온 우정과 서로를 배려하는 마음이 없었다면 이룰 수 없는 결과였다.

썰물처럼 빠져나간 그랜드볼룸, 휘황한 불빛 아래 송골송골 이마에 맺힌 땀방울이 이슬처럼 영롱하다. 10년은 젊어진 듯 상기된 얼굴은 피곤보다 기쁨으로 충만하다. 책임을 다한 보람 때문이리라. 바쁜 일손으로 못다 나눈 이야기나 못다 푼 눈길일랑 서둘지 말자. 두고두고 천천히 풀어가자.

병자년의 끝자락에서, 멋지게 행사를 마감하고 소외된 이웃을 도울 수 있었던 것은 회원들의 희생으로 점철된 빛나는 봉사정신 덕분이었다. 이렇게 든든한 회원들이 있는데 총재의 책임인들 무엇이 두려우랴.

겨울밤은 정지된 듯 축복처럼 고요하다.

(1996)

꽃 피는 봄이 오면

영화관을 나섰다. 귓전을 맴도는 고즈넉한 트럼펫의 선율이 가을 햇살만큼이나 포근하게 나를 감싼다.

〈꽃 피는 봄이 오면〉이라는 이 영화는 텔레비전에서 방영되었던 탄광촌의 한 중학교 관현악부 학생들과 선생님 이현우(최민식 扮)의 이야기를 영화화한 것이다. 허구가 아닌 실제 이야기라서 더 감동을 받았던 것일까, 아니면 이 영화의 테마곡을 내 아들이 만들어서였을까.

철학을 강의하면서도 오히려 영화음악 작곡가로 더 알려진 셋째 아들, 그것은 아마 손쉽게 기존 음악을 삽입해 쓰는 것이 관행이었던 우리 영화음악계에서 그 영상에 어울리는 창작곡을 만들어왔기 때문일 것이다. 영상으로 전달하기 어려운 섬세한 부분을 음악으로 표현해 내고자 하는 아들의 열정이 고스란히 담겨 있는 것 같아 더욱 이 영화가 감동적이었는지도 모른다.

영화는, 실연(失戀)의 아픔에다 꿈을 이루지 못해 고뇌하는 젊은이가 아이들을 가르치면서 다시 인생의 봄을 찾아가는 과정을 진솔하고 코믹하게 그리고 있었다. 그는 오케스트라 단원이 되어 트럼펫을 연주하는 음악가가 되고 싶었지만, 그 꿈은 이루지 못한다. 좌절 끝에 임시 음악 교사를 구한다는 시골 중학교까지 왔으나 아이들의 악기는 소리도 잘 나지 않을 뿐만 아니라 제대로 된 악보 하나가 없었다. 게다가 올해 경연대회에서 우승을 하지 못하면 관악부는 해체될 상황이라 막막하기만 한데, 애들은 그런 문제는 관심이 없이 그저 음악이 좋아서 열심히 할 뿐이었다. 마치 어린 시절에 자기가 그랬던 것처럼.

자신의 꿈은 이렇게 현실에서 점점 멀어져 갔지만, 아이들의 순수한 열정과 이웃의 소박한 온정이 얼어붙었던 현우의 마음을 조금씩 녹여 준다. 음악을 시키지 않겠다는 학생의 아버지를 설득시키기 위해 탄광촌 앞에서 비를 맞으며 지휘하던 현우의 모습과 밤바다에 울려 퍼지던 애조 띤 트럼펫의 울림이 긴 여운으로 남는다.

영화를 관람한 어느 젊은이가 자신의 삶을 보는 것 같아 가슴이 뭉클하고 눈시울이 뜨거워졌다고 했다. 하지만 어찌 젊은이들뿐이랴. 그래서 다시 시작하고 싶다는 주인공의 절규는 우리 모두의 독백처럼 들렸다.

"엄마의 꿈은 무엇이었느냐"고 현우가 엄마에게 묻는 장면이 있었다. 어머니는 "꿈은 무슨 꿈, 먹고 살기도 힘든 판에…" 하다가는 잠시 후에 다시 말을 잇는다. "사실은 중학교 때 선생님이 글을 잘 쓴다고 칭찬을 해서 시인이나 소설가, 아니면 선생님이 되고 싶었는데 내 꿈은 네가 이루어주었구나" 하는 말에 아들은 크게 웃는다. 그 웃음의 의미는 무엇이었을까. 어머니에게 그런 꿈이 있었다는 말이 낯설게 느껴져서일까. 아니면 꿈과는 전혀 다른 모습으로 살아가고 있는 어머니에게서 자신의 미래를 보는 것 같은 서글픔 때문이었을까. 웃고는 있었지만 눈빛에는 안개처럼 우수의 그림자가 짙게 드리워지는 것을 나는 놓치지 않았다.

이처럼 사람의 마음속에는 꿈이 하나씩 들어 있는지도 모른다. 일상적으로 되풀이되는 하루하루를 살면서도 한편으론 기적 같은 일들을 꿈꾼다. 아이나 어른이나, 내일을 기약할 수 없는 환자까지도, 모진 겨울을 견뎌 내는 겨울나무들처럼 봄이 오면 어김없이 꽃을 피우고 잎을 틔우리라는 소망으로, 오늘보다 내일은 나아지리라는 믿음 속에 살지만, 누구도 장담할 수 없는 것이 내

일이다. 하지만 가슴에 품은 그 한 조각의 희망이 팍팍한 현실을 견디어 낼 힘과 다시 일어설 수 있는 용기를 주지 않던가.

내게도 그런 꿈을 꾼 때가 있었다. 6·25 전쟁이 일어났던 그 해 3월, 중학교에 입학하고 나서였다. 1학년 매(梅)반이었던 것 외에 담임 선생님의 이름도 기억나지 않지만, 오로지 '공학저'라는 이상한 이름을 가진 국작(國作) 선생님과 첫 시간에 배웠던 박인로(朴仁老) 시인의 시조는 언제나 또렷하게 남아 있다.

반중(盤中) 조홍(早紅) 감이 고와도 보이나다
유자(柚子) 아니라도 품음직도 하다마는
품어가 반길 이 없을 새 글로 설워하나이다

– 박인로 〈조홍시가(早紅枾歌)〉

이 시조는 지은이가 한음 이덕형을 찾아가 조홍 감을 대접받았을 때 '회귤(懷橘)고사'를 생각하고 돌아가신 어버이를 슬퍼하며 지은 것이라고 한다. 선생님은 부모님이 살아 계실 때 효도를 다하라는 말로 수업시간을 마치시고는, 그 자리에서 각자 시 한 편을 써서 내라고 하셨다. 그런데 다음 시간에 선생님이 칠판에 쓰시는 시는 놀랍게도 지난 시간에 내가 써서 제출했던 바로 그 글이 아니었던가. 그때까지 아무 꿈도 없었던 철부지가 선생님의 작은 칭찬에 영화 속의 그 어머니처럼 시인이나 소설가가 되고 싶다는 꿈을 가지게 되었다. 그러나 기다리던 국작 시간은커녕 6 · 25 전쟁의 소용돌이 속에 학교 문은 굳게 닫히고, 꿈을 잊은 채 세월은 무척이나 빨리 흘러갔다.

언제부터인가, 자식들이 하나둘 내 곁을 떠나고 지명(知命)을 넘기고서야 까맣게 잊은 줄 알았던 꿈 하나가 슬며시 고개를 내밀었다. 어린 시절에 받아 본 유일한 칭찬이어서 그랬을까, 아니면 내게 오랫동안 잠재해 있던 꿈이 되살아난 것일까, 뒤늦게 글 공부를 시작하게 된 것이다. 그러고 보면 꿈은 흐르는 세월 속에 부대껴 마모되고 변해가기는 하지만, 뿌리째 뽑히거나 흔적마저 사라지는 것은 아닌 모양이다.

겨울은 춥고 지루하기만 했어도 주인공 현우에게도 봄은 오고 있었다. 아름다운 희망을 보여준 관현악부 학생들, 비록 오케스트라 단원은 되지 못했지만 트럼펫 선생으로 살아가게 될 현우가 헤어졌던 애인을 다시 만날 희망에 부푼다.

벚꽃이 흐드러지게 핀 봄날, 현우의 환한 얼굴 위로 테마곡의 선율이 잔잔하게 일렁인다. 그 감동적인 장면에서 나는, 버리지 않은 꿈은 아름다운 것이라고 말하고 싶어 한 내 아들의 봄을 또한 보았다.

나의 계절에도 꽃 피는 봄이 올까.

(2005)

멕시코 기행

멕시코에서의 4박 5일은 숨차고 바빴다. 해발 2700m 분지에 위치한 멕시코시티는 4월 말인데도 한여름같이 무더웠고, 대기 오염은 눈물이 날 정도로 매캐한 게 듣던 그대로였다. 산동네 지붕마다 부착된 소형 물탱크는 부족한 급수 사정과 매연의 심각성을 실감케 했지만, 소깔로(중앙) 지역으로 들어서자 대도시의 면모를 그대로 간직한 채 번창했던 역사를 한눈에 말해주고 있었다.

멕시코는 마야 문명과 스페인 식민지 문화가 복합하여 다양한 문화를 지닌 도시다. 마야와 아스텍 문명이 남긴 많은 유적이 산재하는가 하면 세계 유명 기업의 초현대식 건물들이 즐비하고, 아직도 그들 마야어만 사용하는 원주민 도시가 있는 반면 칸쿤 같은 세계적인 휴양지도 있다. 대도시의 복잡함과 시골 촌락에서 느끼는 따스함이 공존하는 도시, 이러한 패러독스가 이 나라를 이해하기 어렵게 만들지만 그래서 더 흥미를 자극한 것은 아니었을까.

봄의 전령인 '하카란다'의 황홀한 보라색 물결도, 개화(開花)가 2월 중순부터라 제 소임을 다하고 낙화하는 모습이 지난날의 영화를 아쉬워하듯 쓸쓸해 보인다. 세계 제일의 인구 도시를 입증하듯 어디나 붐비는 저 인파, 밤이 깊도록 끝없이 이어지는 자동차의 행렬과 번지는 불빛, 도대체 저 많은 사람들이 여기에 사는 것일까. 저들은 무엇을 꿈꾸며 어디를 향해 달려가는 것일까. 창가에 기대어 4일간의 일정을 더듬어 본다.

칸쿤(Cancun)은, 마야 문명이 존재했던 멕시코 동남쪽 카리브 연안에 위치한 지상 최고의 바닷가다. 비행기 연발로 자정이 가까워 도착했으니 여장을 푼 것은 아마 새벽도 한참을 지나서였다. 창문까지 차오르는 눈부신 햇살에 눈을 떴다. 피곤도 잊은 채 그만 탄성을 지를 뻔했다. 연초록의 투명한 바다와 호수 사이에 끝없이 이어진 특급 호텔, 크림색 모래사장, 바닷바람에 춤사위를 던지는 야자수의 군락, 끝없는 바다도 모자라 호텔마다 만들어 놓은 그림 같은 수영장. 미국의 젊은이들이 하와이는 시큰둥해하다가도 칸쿤에 가자고 하면 얼른 따라나선다는 말이 농담만은 아닌 것 같았다.

쉼 없이 하얀 포말이 밀려오는 끝없는 바다, 감탄으로 한숨밖에 나오지 않는 이 눈부신 자연 속에서도 삶이 고달프다고 말할 수 있을까. 그저 바라보는 것으로 여행의 의미를 두고 싶었다. 멕시칸 요리에 데킬라 한 잔을 곁들이고도 빛나는 풍광을 표현하기에는 내가 알고 있는 단어가 너무 부족하다는 사실만이 안타까울 뿐이었다.

유카탄주 치첸이트사의 쿠쿨칸 신전은, 고도의 측량 기술로 지은 30m의 높이로 우뚝 솟아 있는 계단식 피라미드다. 사면의 계단은 각각 91칸으로 정상의 계단까지 합치면 365칸이 되어 태양의 일 년 날수와 같다. 고도의 정밀도를 지녔으며 수수께끼에 싸인 목적을 수행하기 위해 설계되었다고 한다. 그것은 춘분과 추분의 시계처럼 정확하게 빛과 그림자의 효과로 북쪽 계단부터 뱀이 꿈틀거리고 있는 형상이 되는데, 정확하게 3시간 22분간 그 형상이 지속된다고 한다. 동쪽으로 내려서니 산 사람의 심장을 제물로 바치던 차크몰의 우상이 있었다. 아스텍인들은 이러한 의식을 통해 세계의 종말을 늦추려 했다고 한다. 그러나 당시 유럽보다 우수한 문화로 번창하다 어느 날 감쪽같이 사라져버린 문명은 아직도 안갯속을 헤맬 뿐 오리무중이다. 무심한 태양은 구름 한 점 없는 허공으로 강렬한 빛을 사정없이 내리쬐고, 우리는 아득한 신화의 뒤안길을 한없이 맴돌고 있었다.

마야 원주민 촌락으로 발길을 돌렸다. 같은 도시 안에 존재하는 두 도시, 타임머신을 타고 한 세기를 역류한 느낌이다. 아름다움과 지저분함, 능률과 어리석음을 함께 체험하는 도시라고나 할까. 키는 작고 목이 짧은 사각의 검은 얼굴, 엉덩이에 푸른 반점을 가진 우리와 같은 몽골족이라지만 불쌍하고 측은해 보였다. 어느 민족은 현대적인 모습으로 문명의 풍요를 한껏 누리고, 누군가는 진화되지 않은 원시의 모습으로 문명의 혜택도 없이 가난과 무지 속에서 평생을 보내야 하는가. 이것이 삶의 실체라면 세상은 너무도 공평치가 않았다. 남녀 구분 없이 한 개뿐인 거리의 공중화장실은 유료이면서도 현대 시설과는 거리가 멀었다. 주택 또한 방과 부엌에 칸막이도 없이 해먹(잠자는 그네)만이 쳐져 어둡고 음습했다. 집이 없어 저무는 거리로 몰려다니는 앙상한 개들이나, 칠흑 같은 어둠 속에 반딧불이같이 깜박이던 흐릿한 구멍가게의 불빛은 우리의 6 · 25 전쟁 직후를 연상케 했다. 이들의 삶의 목표는 무엇일까. 오직 조상들의 땅을 지키며 그들의 삶의 방식을 고수하며 살아가는 것이 존재의 의무일까. 그렇다면 두 시간 반 거리에 있는 끝없는 바다와 호수 사이에 불야성을 이룬 칸쿤은 백인들만의 전유물이란 말인가.

멕시코시티에서 북동쪽으로 50km 떨어진 선인장이 무성한 테오티우아칸은, 회색빛이 감도는 관목지대에 있었다. 기원전 2세기부터 기원후 7세기까지 멕시코에 생긴 최초의 국가로 문명의 이름이며 종교적 중심지였다. 여기에 두 건축물은 태양의 피라미드와 달의 피라미드로, 성채는 4km가 넘는 '죽은 자의 길'에 위치하고 있었다. 이 유적은 태양계를 정확하게 축소한 것이라고 한다. 케찰코아틀(깃털 달린 뱀이란 뜻, 평화의 신) 신전의 중심을 태양이라고 하면, 죽은 자의 길을 따라 서 있는 건축물은 행성과 소행성의 궤도 위치를 반영하고 있다. 일행은 동쪽에 위치한 달의 피라미드를 오르고 나는 천체에 맞추어 거대한 축을 이루고 있는 건축물 그늘에 자리를 잡았다. 이 많은 유적을 남기고 사라진 문명들이 스페인에게 정복당하기 전, 전승에 기록해 놓았다는 내용 중에서 인간 세계가 멸망한 대홍수와 관련이 있다는 말은 근거가 있는 것일까. 그러나 많은 학자들이 아직도 규명하지 못하는 역사를 뉘라서 시원한 답을 주겠는가.

세계적인 인류학 박물관, 250년 만에 완공했다는 금으로 장식된 카테드랄 성당 등 수많은 유적을 보유하고 있으면서도 오랜 식민지 문화가 준 탓인지, 성품은 게으르고 시간에 구애받기를 싫어해서 빈부의 차가 심하고 예기치 못한 일들이 자주 일어난다고 한다. 아직도 인권유린의 얼룩이 남아 있고, 정치적인 부패는 물론 경찰의 뇌물 수수는 짧은 여행 중인 우리도 경험할 수 있었다. 하지만 세계 세 번째 산유국이며 많은 지하자원과 천연자원을 갖고 71년 만에 평화적으로 정권이 이양된 멕시코는 다시 세계의 강국으로 발돋움하고 있었다.

불가사의한 문명의 신화도 세월 속에 묻혀서 아득히 멀어져 간다. 한 시대를 머물며 향유했던 시간들, 그 찬란했던 문화의 흔적에 이는 바람 소리는 내 옷깃을 흔든다. 과거라는 것이 먼지로 뒤덮여 있을지라도 귀를 기울이는 사람에게는 침묵하지 않고 열심히 이야기를 들려주나 보다.

'눈으로 듣는 것을 배울 때만 자연은 인간에게 말한다.' 는 볼노프의 말처럼.

(2001)

내 인생의 겨울

저무는 11월, 겨울은 내 인생의 겨울과 함께 들어섰다. 창밖은 온통 회색이다 못해 흰색에 가깝고 해는 아예 보이지도 않는다. 겨울의 적막(寂寞)함은 일상 속에서 잊고 지내던 의문들을 예고 없이 다가서게 하나 보다. 몸은 무겁고 삶은 버겁다. 이유 없이 헛헛한 마음이 드는 아침, 창가로 발을 옮기면서 나는 자문(自問)한다. 앞으로 내 인생에 이런 겨울이 몇 번이나 남았을까?

차가운 강바람을 못 이겨 한쪽으로 몸이 기운 앙상한 나무들, 강물도 흐름을 멈춘 듯 낮게 가라앉은 모습이 쓸쓸하다 못해 스산해 보인다. 계절의 변화는 산과 들에서만 확연히 느껴지는 줄 알았는데, 겨울의 강변도 예외는 아니다. 그래서 이런 계절에는 누구나 한 번쯤은 삶과 죽음에 대해 묵상(默想)을 하게 되나 보다.

젊음을 함께하던 친구들은 노인이 되고 우리 곁을 맴돌던 아이들은 모두 어른이 되었다. 시간은 누구에게나 공평하게 다가오고 세상은 변해간다. 이러한 변화는 과거와 미래의 의미를 새롭게 조명해 가며, 그 사색의 정서는 흩어져 버린 우리 마음의 중심을 발견하게 해 주는 계기가 되고 있음을 알면서도 가끔은 얼굴의 늘어난 주름과 흰머리가 말해주는 내 노년을 실감하며 거울을 놓기도 한다. 하긴 내 나이 70을 넘긴 지도 한참이고 금년도 다 갔으니 일 년 후면 팔십, 누가 보아도 할 말 없는 노인이다. 놓쳐 버린 시간이 아쉽고 먼저 간 이들이 그리워 생각나는 것은 당연한 이치가 아닌가. 결코 일어나지 않을 줄 알았던 일도 실은 지금까지 일어난 일들 중 하나였으며, 나와는 전혀 상관없다고 믿었던 것들도 하나둘 생겨난다. 영원한 것도 없지만, 진행하지 않는 것 또한 없다. 다만 흐릿한 리듬을 알아채지 못할 뿐이다.

남편을 먼저 보낸 친구들이 늘어나고, 부족한 건강 때문에 바깥출입을 못 하는 친구가 많아진다. 지금 겪고 있는 이 모든 고통과 상처도 언젠가는 맞게 될 죽음을 삶의 일부로 받아들이기 위함일 것이다. 모든 생명체는 죽음을 맞게 되고, 행복한 순간에도 죽음의 그림자는 우리를 따른다. 동전의 한 면만을 가질 수 없듯이 행과 불행이 하나인 것처럼 생과 사는 하나의 연속이며 마무리하는 과정인 것이다.

때론 한가해진 일상이 무료하다는 생각이 들 때도 있지만, 남은 시간 존재의 의무와 가치(價値)를 찾는 기회로 삼으며 매이지 않는 가벼움과 자유로움으로 보내고 싶다. 적어도 하루의 기도 중에 한 번은 자신의 죽음을 잠시라도 묵상하게 되는 것도 오늘의 삶을 충실하게 가꾸기 위한 촉매제(觸媒劑)라 생각하기 때문이다.

분주하게 살아온 지난날과 남은 날을 가늠해 보면서 아는 만큼 활기차고 감사하게 많이 웃으며 살아가리라 다짐한다. 하지만 나이 탓이든, 계절 탓이든 하루하루를 선물이라 생각하며 살아가기도 그리 쉬운 일이 아니다. 그래서 행복과 감사에도 기술이 필요하다고 하나 보다.

가까운 일본에서는 지난해부터 노년층에 보급되고 있는 〈내 마음을 전하는 노트〉를 고령자들에게 나누어 주고 있다고 한다. 즉 노년층에서 유행하는 엔딩 노트(ending note)의 하나인 모양이다. 고령자가 혼수상태에 빠지거나 사망했을 때를 대비해 미리 작성하는 문서로 보통 가족에게 전하는 말, 연명치료에 초점을 맞추었다고 한다. 작성자가 의식이 없어 판단이 불가능하고 회복 가능성이 없을 때를 대비해 치료범위를 제시하는 '사전 의료 신청서'는 우리나라에서도 이미 보급되고 있으며 우리도 신청해 놓은 상태이긴 하다. 이처럼 생명의 문화나, 의식이 발전하면서 삶의 방식과 지혜도 성숙해져 간다. 세상과의 영원한 단절(斷絕)을 뜻하기에 두렵기만 했던 죽음이 자연스럽게 삶의 일부가 되면서 오래 살기보다는 열심히 살다 아쉬울 때 쉽게 떠나는 것이 나이 든 사람의 소망이 아닐까. '어떻게 떠나야 할지를 알면 어떻게 살아야 할지도 알게 된다.' 는 말처럼 자신을 사랑해 준 모든 사람들을 위해 사랑을 베풀며 길지 않은 시간 최선을 다해 살아갈 것이다.

가끔은 행복했던 순간들을 추억하며 내 마음을 전하는 노트도 준비해야겠다. 아이들과 친구들에게도. 너희들이 있어 외로울 사이 없이 행복했다고 고마움을 전하고 평생 함께할 수 있었던 인연에 감사한다는 인사를 하고 싶다. 사람들은 누구나 어떤 형태로든 삶의 흔적을 남기게 마련이고 간혹 어떤 이들은 저녁노을처럼 긴 그림자를 남기기도 하지만, 나는 잠시라도 좋으니 따뜻한 미소로 기억되는 사람이면 족하다 싶다.

다시 오지 않을 2014년에 맞은 내 인생의 겨울, 이 무채색의 아침은 쓸쓸함을 부추기는 적막함이 아니라, 축복의 첫눈을 준비하려는 하루의 시작이며 또 다른 새로운 문으로 들어서는 날이리

라. 11월의 나무들도 나목(裸木)으로 서서 한기(寒氣)를 건너고 있다. 이해인의 시 한 구절이 머리를 스친다.

저무는 11월에 한 장 낙엽이 바람에 업혀 가듯
그렇게 조용히 떠나게 하소서
흰 점 흰 구름 하늘에 실려 가듯 그렇게

(2015)

은행나무

정원 모퉁이에 있는 은행나무와 내가 인연을 맺은 지 20여 년, 거슬러 올라가 부모님과 함께한 세월까지 합하면 30여 년은 족히 된다. 함께 기뻐하고 슬퍼하며 동고동락(同苦同樂)한 가족 같은 나무다. 소나무처럼 사철 푸르지도 않고, 백일홍 같은 멋진 곡선이나 화려한 꽃을 피울 줄도 모르지만, 속내는 끼로 채워져 한 해에 두 가지 삶을 살다 가는 낙엽고목(落葉喬木)이다.

파벽으로 단장한 주택 중앙, 완만한 화강석 계단 사이에 그대로 두고 신축을 하면서, 돌을 잘라내는 난공사까지 감수하며 수백 년을 살도록 주거 공간을 만들어 주었다. 해를 거듭하며 나무는 우람해져 온갖 새들의 보금자리가 되고, 푸른색의 순연함은 깊이 모를 바닷속처럼 푸근한 그늘을 만들어 주었다. 그중에서도 가을의 축제는 으뜸이었다. 나무가 새 옷으로 단장을 시작하면 노란색으로 천지가 물들어 우리 집은 황금빛 궁전이 된다. 그 빛깔은 사위(四圍)를 흔들어 집 앞을 지나던 행인마저 걸음을 멈추고 잊고 있던 가을을 찾은 듯 망연히 서 있곤 했다. 웃음소리, 커피향기 지칠 줄 모르는 궁전 안의 가족들은 서툰 시인이 되기도 하고 일손도 바빠진다. 가을은 늘 풍요롭고, 은행을 줍는 일은 우리 집의 연례행사(年例行事)가 되었다.

10년이면 강산이 변한다더니 은행나무도 평생을 지킬 줄 알았던 그 자리에서 17년을 살다가 옮겨지는 수난을 당했다. 현관 앞에 우뚝 서서 사계(四季)의 변화를 선명하게 알려주던 그 나무는 구석진 옆자리로 이사를 해야 하는 비운을 맞이했다. 우리만의 단독주택에서 여섯 가구가 어울려 사는 지금의 빌라를 신축하게 된 것이 그 이유였다.

영영 우리와 헤어진 나무도 많았지만, 그래도 은행나무만은 한 면과 키, 한쪽 뿌리마저 잘리는 고통을 감수하면서 지금의 외진 자리에 볼품없는 몰골로 옮겨졌다. 함께 살 수 있다는 기쁨만으로 아프단 말도 못 하고 시들시들 몸살을 앓더니 3년이 지난, 작년부터 생기를 찾기 시작했다. 비록 예전의 모양새를 갖추지는 못했지만, 작은 곁가지도 거느렸다. 아침마다 가족들과 주고받던 눈길은 멀어지고 애무의 손길도 없어졌지만, 은근과 끈기로 조용히 격(格)을 잃지 않았다. 떨어져 내린 무성한 잎이야 나무의 거름이 되었겠지만, 잘린 부위에 닿은 매서운 삭풍은 얼마나 혹독했을까. 그러나 허욕 없이 분수껏 살았기에 축복을 받은 것일 게다.

은행나무는 마주해야 열매가 열린다는데, 키가 커서 옆집 친구를 맞이한 것인지 올해는 열매까지 달았다. 암수한그루로 5월에 수꽃은 수상꽃차례로, 암꽃은 꽃줄기 끝에 두 개가 피고 핵과는 10월에 여문다. 냄새나는 외종 피에 싸인 열매는 식용과 약재로 쓰인다. 풍미도 은은해서 한국 고유 음식의 격을 높여주며 연둣빛으로 조화된 멋은 군침을 돌게 한다. 근래에는 은행잎으로 혈압강하제까지 만든다니 얼마나 생산적인 나무인가.

하지만 내가 남다르게 애정을 갖는 것은 생산적인 면이 아니라 자신을 송두리째 불사르며 살아가는 끼가 무뎌져 가는 삶을 재충전해 주기 때문이다. 가끔 글을 쓰고 싶은 충동도 은행나무가 준 교훈이라면 과장일까.

이제는 며느리도 맞아 식탁 상좌에 앉고 보니 굵어진 나무의 몸통만 측면으로 보게 된다. 식사가 아닌 자유로운 시간, 키가 높아 온전히 벗할 수가 없지만, 체취라도 느끼려고 가장 가까운 자리에 앉는다. 차 한 잔을 마주하고 지난 이야기도 나누며 얼마를 같이 지낼 수 있을지 모를 미래도 생각해 본다. 내 남은 삶에 너와 함께하는 이런 시간은 얼마나 될까. 아이들이야 새롭게 시작하는 그들의 인생을 설계하느라 은행나무와의 추억을 잊어가고 있겠지만, 노년으로 접어드는 나에게는 더 확실한 친구가 되어간다. 가끔은 투정도 부려보고 하소연도 해 본다. 비록 큰 소리로 대답을 해 주지는 못해도 바라보면 해답은 늘 거기에 있었다. '대범하고 너그러워져야 한다고, 그것은 바른 사람이 지니는 덕성이라고…'

겉으로 저렇듯 초연하다 해서 그동안에 겪은 인내와 고통, 엄숙한 자기희생을 인간의 몫보다 가볍게 넘길 수는 없다.

달무리 같은 그리움이 하나둘씩 나뭇가지에 걸린다.

(1996)

내게 주신 마지막 선물

걸으며 생각하며

내게 주신 마지막 선물

감사합니다. 소피아(Sophia) 씨

이렇게 떠나는 것을

영혼이 따뜻했던 순간

변해가는 풍속도

망설임 없이 떠나고 싶은 여행

가을을 이렇게 살고 싶다 (1)

가을을 이렇게 살고 싶다 (2)

징 소리의 울리는 여운처럼 -나의 수필 쓰기-

걸으며 생각하며

가을도 저물고 있다. 그나마 남아있던 마지막 잎새들을 떨어내느라 부산한 나무들, 이미 잎을 털고 깊은 침묵 속으로 침잠한 나무, 부쩍 성글어져 빈 곳이 많아져 간다. 아마 이것이 늦가을의 거처인지도 모른다. 그래서 가을은 변하는 것과 변하지 않는 것, 영원과 순간을 사색하기에 좋은 계절인가 보다.

한강 둔치로 들어선다. 얼마 전 창경궁을 거닐 때만 해도 청정한 소나무 사이에 낙엽수들의 현란한 색채가 눈부시더니 어느새 겨울이 오는 걸까. 강변을 가득 메웠던 야생 풀꽃들마저 누렇게 시들어 버리고 허리를 굽힌 하얀 갈대만이 바람에 흔들리고 있는 모습이 애처롭기만 하다. 성산대교에서 양화대교를 향해 걷다가 무심히 눈길을 들어 바라본 강 건너 우뚝 솟은 건물들과 아파트 숲, 한강을 가로지른 다리들이 오늘따라 아득하게만 느껴져 내

딸이 살고 있는 여의도가 아닌 듯 낯설고 낯설기만 하다.

강가를 벗어나 완만한 산책로로 접어들자 운동을 하는 사람들로 법석이다. 오색의 유니폼으로 바람을 가르며 질주하는 남녀노소의 자전거 레이서들, 자전거 도로가 확장되면서 요즘 유행하는 스포츠가 자전거라는 말을 실감케 한다. 맨손 체조를 하며 빠르게 걷는 사람, 뒤로 걷는 사람, 경보로 걷는 사람, 축구를 하는 젊은이들, 연 날리는 사람들, 낚싯대를 드리운 태공들, 운동도 취미도 다양하다. 마치 건강을 위한 치열한 전쟁터와 같다.

이렇게 자신의 건강을 위해 땀 흘리며 운동에 열중하는 사람들을 보면서 생각에 잠긴다. 이제껏 살아오면서 나는 자신을 위해 한 번이라도 치열하게 도전해 본 적이 있었던가. 오늘도 남편의 권유가 없었다면 이곳에 올 엄두도 내지 못했을 것이다. 체중의 부담은 관절에 무리를 가져온다는 사실을 잘 알면서도 운동에 게으른 나는 스스로 행동에 옮기지 못한다. 그렇다면 아이들도 모두 나를 닮은 것일까. 지금도 사무실이나 강의실에서, 아니면 스튜디오에서 학교로 정신없이 뛰고 있을 그 애들은 운동은커녕 잠시도 한가한 시간을 갖지 못한다. 물론 자신의 일에 최선을 다하는 모습은 보기 좋으나 벌써 모두가 40을 훌쩍 넘기지 않았는가. 이제부터는 건강을 조심해야 할 나이다. 예전에야 열심히 일하는 것이 바로 건강을 유지하는 방법이어서 따로 운동을 하는 사람이 없었지만, 이제는 세상이 달라졌다. 하루가 다르게 변해 가는 눈부신 경제성장이나 물질문명 이면에 겪게 되는 환경오염이나 대기오염, 과도한 두뇌 경쟁에서 오는 스트레스, 고단백 섭취로 인한 많은 성인병 등으로 운동은 필수적인 생활의 일부가 된 현대가 아닌가. 바쁜 일정에도 운동을 일과에 넣어 시간을 할애해야 할 터인데 걱정이 태산이다.

모두가 함께 걷고 있지만 이렇게 각자의 침묵으로 각자의 내면으로 깊숙이 걷고 있다. 많은 것을 겪고 많은 것을 끌어안은 채 아무 일도 없었던 듯 느리게 흘러가는 유장한 강물처럼 공간과 시간 속을 자유자재로 헤집으며 천천히.

얼마를 걸었을까. 운동을 하던 사람들도 하나둘 줄어든다. 어느새 가을의 짧은 해는 뉘엿뉘엿 서산을 넘고 땅거미가 지기 시작하자 익숙했던 시야가 차츰 흐릿해져 온다. 구별과 분별이 사라지는 시간, 또 다른 질서가 시작되는 이 시간은 장엄미사의 엄숙한 순간 같기도 하다. 우리도 서둘러 발길을 돌려 차에 오른다. 강변북로로 들어서자 서서히 불을 밝히는 철교의 불빛이 오늘따라 유독 싸늘하게 보인다. 갑자기 눈자위가 따뜻해져 온다. 가슴 밑바닥에 고이는 이 쓸쓸함의 실체는 무엇일까.

세월이 가고 계절이 오는 것도 모르면서 나는 무엇을 하며 살았을까. 남들처럼 야물지도 못하고 그렇다고 아이들에게 헌신하는 좋은 어미도 못 되면서 어영부영 알아채지도 못하는 사이에 세월만 내 등을 스치며 수없이 지나가 버렸다. 인생은 기다림 속에서 저물어간다고 하지만 나는 이제 무엇을 기다리며 살아가야 하는 걸까.

그저 묵묵히 가야 할 길을 서로 지켜봐 주며 굽어가는 등에 손 얹어주는 남편이 곁에 있음에 감사하며 자손들의 화목과 건강한 웃음이 떠나지 않기를 기원하는 것도 내게 남은 할 일이겠지. 지난날 서로에게 부족함이 있었다면 남은 시간은 위로가 되어 주면서…

아주 오래전에 그려져서 지금은 색깔도 퇴색되고 윤곽도 잘 보이지 않는 흔적들뿐이지만, 그 그림 속 풍경 하나하나가 늘 마음 한구석에 남아 텅 빈 빈터처럼 열어보면 쓸쓸함 속에서도 한 줄기 바람 같은 행복을 느끼게 하지 않던가. 그것만으로 충분하다. 추억하며, 배려하며 살기에도 남은 삶은 짧기만 하다.

익숙했던 풍경들이 모습을 바꾸면서 사라지고 있다. 우리도 언젠가는 저 풍경들처럼 바람결에 흩어지겠지… 이미 잊었다고 여겼던 '박인환' 의 시 한 구절이 입가에서 맴을 돈다.

'가을의 공원 / 그 벤치 위에 / 나뭇잎은 떨어지고 / 남은 잎은 흙이 되고 / 나뭇잎에 덮여서 / 우리들 사랑도 사라진다./'

그냥 떠나보내기에는 참으로 아깝고도 아까운 계절이다.

(2009)

내게 주신 마지막 선물

어머님은 홀연히 세상을 떠나셨다. 잡은 손을 만지시며 들릴 듯 말듯 가느다란 음성으로 “건강해” 하시던 말씀이 내게 주신 마지막 선물 같은 한마디다. 그날 저녁, 여느 날보다 유난히 신색이 창백하시던 어머니를 왜 알아차리지 못했을까. 의사를 원망한들 무슨 소용이란 말인가.

보드랍고 따뜻한 체온, 소란한 것 싫어하시던 성품 그대로 사랑했던 기억들 눈가에 묻으시고 어머니는 꿈꾸듯 그렇게 조용히 떠나셨다. 그래도 얼마간은 더 우리 곁에 머무실 줄 알았는데 죄책감이 가슴에 사무친다.

어느새 봄은 오고 꽃들은 서둘러 피려고 수런거리는데 무엇이 그리도 급하셔서 그리 좋아하시던 꽃이 피기도 전에, 마지막 인사도 받지 못하시고 황망히 떠나셨는지.

금년 초, 어머니는 병원에서 새해를 맞으셨다. 새해 아침이면 곱게 한복을 차려입으시고 증손자·손녀에게 줄 세뱃돈을 챙기시며 기다리시던 모습이 엊그제인 듯 생생한데 그런 어머니는 이제 아무 데도 계시지 않는다. 자신의 목숨보다 자손들을 소중히 여기시며 매일매일 기도로 지켜주시던 어머니. 귀에다 큰소리로 내가 누구냐고 여쭈면 '성규 어미' 하시며 '또 왔어' 하시던 어머니, 바스러질 듯 작아진 육신에, 백 년이 가깝도록 지켜 오신 자신의 모든 기능을 하나둘 미련 없이 버리시며 한 발짝씩 우리 곁을 떠나실 준비를 하시더니 결국은 떠나시고 말았다.

생명의 유한성 앞에, 운명의 순리 앞에서, 완쾌할 수 없는 불치의 병을 진단받고 죽음을 기다리는 과정만 고통인 줄 알았는데 조금씩 기운을 소진해가며 떠나시는 삶 또한 안쓰럽기 그지없었다. 한 치 앞도 예측할 수 없는 불확실한 하루하루를 보내면서 그저 이대로라도 좋으니 저희 곁에 조금만 더 계시다 꽃 피는 봄에 고통 없이 천상에 계신 아버지 곁으로 가시기만을 빌었는데…

작은 육신에 깃든 그 많은 시련과 고통을 정수기를 통과한 물처럼 깨끗하게 정화하여 세상을 반사하듯이 한결같은 정성과 믿음으로 자식을 바라보시던 어머니. 가녀린 몸에 어찌 그런 강인한 의지를 지니시었는지 자랑스럽다.

병원으로 오시기 며칠 전, 수첩 네 개에 사 남매의 집과 핸드폰 번호, 생일, 기일, 교회와 권사님의 전화번호를 낯익은 어머니의 수려(秀麗)한 필체로 깔끔하게 써서 한 권씩 나누어 주셨다. 교회에 헌금을 해달라는 말씀과 잊지 말고 서로 생일을 챙기면서 우애를 지키라는 어머니의 깊은 뜻을 왜 우리가 모르겠는가. 그리고 큰딸인 내게 주신 두툼한 노트 한 권에는 어머니의 살아오신 삶, 4남매의 중대사는 물론, 손자 손녀의 군 입대 연도와 결혼 일자, 증손들의 입학과 졸업, 하나도 빠짐없이 그날의 단상까지 적어놓으셨다. 아버지와 20여 일을 다녀오신 성지순례의 감동이며, 막내가 박사학위를 받은 MIT를 다녀오신 소회가 얼마나 나를 눈물짓게 했는지 모른다. 뿐인가 자식의 어미인 내가 기억 못 하는 우리 아이들의 지난날이 수첩 안에 빼곡히 기록되어 있었으니 말이다. 부끄럽기도 하고 그때의 감격이 새로워 웃고 또 울었다. 사람의 마음을 움직이는 은근하고 깊은 향기가 사람에 따라 조금씩은 다르겠지만, 내겐 어머니의 그 환한 기쁨과 슬픔의 충격이 징 소리의 울렁이는 뒤끝처럼 꽤나 오래도록 남아 가슴을 흔들었다.

휠체어에 어머니를 모시고 휴게실을 돌던 생각이 새삼스럽다.

삼삼오오 TV를 즐기며 앉아 있는 환자들은 모두 어머니보다 젊고 건강해 보였다. 어머니가 저 정도로 보고 느끼실 수 있으면 얼마나 좋을까. 불편하신 듯 자꾸 방으로 들어가 눕겠다고만 하신다. 그러면서 눈도 뜨지 않으신 채 여기 경치가 좋으냐고 물으신다. 이제 시력마저 어둡고 환한 것 외에는 형체를 보실 수가 없으셨던 모양이다.

그렇게 꽃을 좋아하시던 어머니, 늘 화초를 손질하시고, 칠십을 넘기신 나이에도 장바구니에 국화 한 다발이라도 사다 식탁에 꽂으시던 어머니, 가을에 피어나는 국화처럼 삶을 이겨낸 원숙한 지혜로움이 가냘픈 풍모 속에 내비치셨다. 매사에 감사하며 스스로를 낮추며 남을 높이는 그 깨끗한 마음의 향기가 한없이 그리운 하루다.

그야말로 바쁜 한 해였다. 늘 분주했고 고통스러운 일도 많았고 갈등 또한 계속되었다. 어머님을 병원에 모신 지 어느새 두 달, 그림자 길게 이끌고 저문 한 해가 지나고 새해를 맞이하였으나 어머니는 점점 쇠잔해져 가셨다. 무게는 다를지언정 삶의 짐은 누구에게나 버겁고 힘들다. 긴 세월 기쁨보다는 고통이나 걱정을 짐으로 떠안고 살아오셨으리라. 허허로운 마음을 달래듯 한 줄기 바람이 가슴을 훑고 지나간다.

따스할 것만 같은 햇살이 가득한데 바람이 왜 이렇게 찬지 모르겠다. 마음이 서글퍼서일까. 그날, 유난히 창백하시던 어머님의 안색이 암시하는 걸 알아채지 못한 내 미련함이 죄책감이 되어 나를 괴롭힌다. 기운 없는 시선으로 바라보시다 "건강해" 하시며 따뜻한 선물처럼 내 손에 쥐여 주신 마지막 한마디가 자꾸만 환청으로 들린다.

죄송합니다. 어머니, 용서하세요.

(2012)

감사합니다. 소피아(Sophia) 씨

서울에 온 지도 한 달이 지났나 봅니다. 진즉에 고맙단 인사를 한다는 것이 이렇게 늦어졌습니다. 남편이 사장님께 간단한 메일은 보냈다기에 시차가 적응되면 바로 당신께 긴 편지를 쓴다는 것이 이리되었습니다. 지금은 칸쿤(Cancun)에 계시다고요?

그렇게 무덥던 여름도 가르쳐 주거나 빨리 가라 재촉하지도 않았는데, 제철을 살고 나더니 소리 없이 떠나고 지금은 밴쿠버(Vancouver)에서 함께 걷던 그때처럼 햇볕은 따갑고 바람은 매끄럽고 서늘합니다.

감사합니다. 저는 지금도 약을 먹지 않고 잠이 듭니다. 물론 잠이 오지 않는 날도 있지만, 그동안 지켜온 시간들이 아깝고 당신의 정성을 저버릴 수 없어 뒤척이다 보면 잠이 들곤 합니다. 근래에 약을 복용하고 자는 것이 습관이 되어 선생님께 물으면 잠을 못 자는 것보다는 먹고 숙면을 하는 편이 낫다는 말에 안심은 하면서도 늘 마음 한편은 가볍지 않았습니다. 그러면서도 팔십이 넘은 우리 내외 이렇게 긴 여행을 할 수 있으면 됐지, 무엇을 더 바랄까 자만한 것도 사실입니다.

그런데 당신이 말했지요. "많이 걸으세요. 운동을 한 다음 따뜻한 물에 반신욕을 하시고 잠을 청해 보세요. 약은 드시지 말고요." 식사를 하듯 매일 두 시간 걷기를 일과로 한다면서 일주일에 두세 번씩 찾아와 공원을 산책하며 거듭 청하던 당신의 마음을 잊을 수가 없습니다. 몰랐던 이야기도 아니고 실행에 옮기지 못했을 뿐인데, 부끄럽기도 하고 고마워서 다리가 아파도 아프다는 말을 할 수가 없었습니다. 그러고 보니 5년 전 폐암으로 사장님이 한쪽 폐를 자르셨을 때의 그 황당함에서, 지금은 혈색도 좋으시고 2박 3일(124.8km)의 운전에도 거뜬하게 되신 것의 일등 공신은 바로 건강 지킴이이신 소피아 씨 당신이었습니다. 누구나 오래 살기를 바라서가 아니라 사는 날까지 건강하게 살다 가고 싶은 일념은 같을 터이니까요. 정말 존경합니다.

그런데 저의 이 자랑스러운 변화를 알리기도 전에 황당한 일을 당했습니다. 어느 모임이나 추구하는 의미와 특색은 조금 다르겠지만, 제게는 깊은 우정과 사랑으로 동고동락해온 40년 지기의 모임이 있습니다. 긴 여정(旅情)에 두 사람은 이미 세상을 떠나고 8명이 회원이지요. 모두가 기다리고 있어 도착한 지 4일 만에 만났는데 한 친구가 바로 전날 세상을 떠났다는 것이었습니다. 병치레도 없었고 늘 미소와 양보를 미덕으로 알던 친구였는데 너무나 가슴이 아팠습니다. 여행을 떠나기 전 손을 꼭 잡으며 '선생님 안녕히 다녀오세요.' 하던 친구였는데 말입니다. 40년 전 꽃꽂이를 내게 배웠다는 그 이유 하나로, 이름이나 누구의 엄마나 흔한 회장도 아닌 선생님이라는 호칭으로 불러주던 친구, 성공한 아들들은 있었지만 남편을 먼저 보내고 왠지 쓸쓸해 보이던 그와 둘이서 오붓하게 식사 한번 못한 후회가 물밀 듯이 몰려왔습니다. 당신은 실로 아무것도 아닌 내게 그와 같은 정성으로 보살펴주었는데 나는 40년 지기인 그 친구의 외로움이 무엇인지 헤아리지도 못했으니 말입니다. 세상에 모든 인연이란 만났다가는 언젠가는 떠나보내야 한다지만, 그의 부재는 유난히도 그리움으로 사무칩니다.

그곳을 떠나면서 이 친구들에게 간단한 선물이라도 하고 싶어

올 9월부터 시작하는 1년 6개월의 메모리 노트를 구입했는데, 꽃으로 디자인된 것은 일곱 개뿐이어서 한 개만 다른 것을 사고는 이것 역시 양보심 많은 경진 씨가 가져가겠구나 생각했는데 그것마저도 임자가 아니었네요. 준비 중인 빈소에 모두의 사랑을 담아 크고 아름다운 화환을 보내고 함께 송별을 하고 왔습니다. 성공한 아들들로 마지막 떠나는 길은 쓸쓸하지 않더군요. 평소대로 조용한 미소로 반기는 영정 속 모습을 지켜보면서, 전에는 함께 했지만 이젠 함께할 수 없는 슬픔은 남아있는 우리들의 몫이라는 생각이 들었습니다. 물리적인 흔적이야 세월 속에 차츰 희미해지겠지만, 그와의 따뜻했던 기억이야 우리들 마음속에 영원히 살아있겠지요.

뜻하지 않게 겪게 된 슬픔에 녹록지 않은 일상으로 감사의 인사마저 늦어졌습니다. 생애 마지막이 될지 모를 긴 여행, 국경을 넘어 워싱턴주의 소프 레이크(Soap Lake), 독일 마을(Leavenworth), 드라이 폴(Dry Fall)을 안내해 주셨던 두 분의 고마움, 딸네 거실에서 손녀들과 한가로이 바라보던 산봉우리마다의 흰 눈과 바다, 천혜의 자연과 함께 조망하던 도시의 아름다움도 기억 속에 묻히면서 금년도 이제 절반의 그 반을 넘깁니다.

다시 그저 그런 날들이 반복되는 나날, 입맛이 없어도 때가 되면 밥을 먹고 가끔 외출을 하고 전혀 특별하지도 않은 평범한 일상이 그래도 여간 비범한 게 아니라는 깨달음에도, 친구를 보낸 뒤늦은 후회로 부유하는 생각들에서 벗어나 그냥 멍하니 쉬고 싶군요. 쉬고 싶을 만큼 바쁜 일은 없지만, 시쳇말로 '멍때리기'는 새로운 통찰을 얻는 소중한 과정이기도 하다고 어느 책에선가 읽은 기억 때문인지도 모르겠습니다.

그곳에서처럼, 우리 강산의 아름다움과 그 안에 담긴 풍성한 의미들을 경험해 보고 싶어 이 편지를 쓰고 며칠 설악과 동해를 만나러 갈까 합니다. 오랜만에 설악의 정취에 취해도 보고, 구월에 산과 들에서 삼라만상이 여물어 가는 소리도 들어 보고 싶습니다. 하루하루가 처음이고 끝이기에 오늘 최선을 다하는 이유가 바로 거기 있을 터이고, 사랑하며 살 수 있는 시간이 길지 않았음을 알면서도 실천하지 못하는 자신, 생각은 반성과 다짐을 반복하면서도 행동은 늘 그 자리에 머물고 있음이 안타깝네요. 이번 기회에 바다가 그렇게 장대한 까닭은 스스로 자신을 낮은 곳에 두고 넓은 마음으로 모든 것을 수용하는 까닭임을 다시 한번 깨닫고 오면 좋겠습니다. 이사 끝내시고 우기에는 이곳에 오셔서 저희에게도 기회를 주시기 바랍니다.

(2017)

이렇게 떠나는 것을

잔뜩 찌푸리고 있던 하늘에서 마침내 비를 쏟는다. 하늘도 그를 보내기 서러운 모양이다. 예전 같으면 고희가 지났으니 살 만큼 살았다고도 하겠지만, 요즘에 일흔여섯이란 나이는 세상과 인연을 놓기에는 아직은 아쉬운 나이다. 게다가 타고난 자신의 건강만 믿고 건강진단 한번 제대로 받지 않고 살다가 얼마 전부터 제대로 식사를 못 하고 구토를 하여 가족의 성화로 병원에 갔더니, 위암 말기라는 엄청난 진단을 받았다고 한다.

때가 이미 늦어 수술도 못 하고 진통제로 안정을 찾자, 자신의 병명을 몰랐던 그는 곧 할 일이 많은 봄이 올 텐데 이렇게 누워 있을 수 없다며 퇴원을 서둘렀다. 전화를 하면 이제 식사도 잘하고 밭에도 나간다며 목소리에 힘까지 실려 있었다. 순간 오진이 아니었을까 하는 생각도 들었지만, 사실이라 해도 그의 탄탄한 몸으로 봐서는 1년은 무사히 버틸 수 있으리라 믿었는데 그 기대를 접고 진단받은 지 3개월 만에 숨을 거두고 말았다.

막 겨울을 털고 일어난 개나리가 노란 꽃잎을 열고 폭포수처럼 늘어져 피어 있고, 꽃망울을 매단 나무 가지들은 눈부신 폭죽을 터뜨릴 날을 고대하며 요동을 치는 이 봄날에 이런 허망한 일이 또 있을까.

그는 일찍이 계모 밑에서 자라 장성해 결혼을 했으나 신혼에 아들 하나를 얻고 상처(喪妻)의 아픔을 겪었다. 재혼을 하면서 만남과 이별이 태엽처럼 감겨도 자신의 타고난 운명이라 믿으며 꿋꿋이 살아왔다. 도시에서 정년을 마치고 세월 끄트머리에서 장손의 몫을 다하겠다고 고향으로 돌아간 지 5년. 새집을 짓고 묘목을 심으면서 모진 바람과 세찬 빗줄기와 싸우는 힘겨운 노동에도 노력하면 어디서나 수확의 기쁨은 있노라고 웃음 짓던 모습이 눈에 밟힌다.

그는 큰댁의 장조카다. 까마득한 옛날, 외며느리인 나는 신혼 초에 홍성 시댁에서 6개월을 보냈다. 남편과 떨어져 시골에서 하는 서툰 생활은 시부모님이 아무리 잘해주셨어도 힘에 부쳤다. 일과를 끝내고 저녁나절 툇마루에 앉으면 어김없이 서울로 가는 기차가 기적을 울리며 지나가곤 했다. 왜 그렇게 그 소리가 서글펐던지.

지금은 대도시로 변해 대형 마트도 많아졌지만, 그 당시만 해도 5일 장이 서는 날 모든 생활용품을 구입해야 했다. 그날이 되면 십여 리 떨어진 시골 마을에서 친척들이 읍내로 장을 보러 왔다가는 우리 집에 들렀다 가셨다. 그럴 때마다 점심상도 차려야 했고, 술상도 여러 번이나 보아야 했다. 모두가 윗분들이라 어렵기만 한데 그때 장교 제대를 하고 고향에 와 있던 이 조카가 나이도 적은 내게 깍듯했으며 힘든 일도 많이 거들어 주었다.

우리가 서울에서 살림을 차린 후에도 직장을 구한다고 얼마간 함께 있기도 했지만, 외롭던 새댁 시절의 고마움 때문인지 불편한 줄을 몰랐다. 언젠가는 집에 들어와 녹음기를 훔쳐 가던 도둑을 잡는다고 남편과 둘이 이른 새벽에 둑길을 달려가던 기억들도 따스한 그림이 되어 새삼스럽게 머리를 스치고 지나간다.

발인제를 지내면서 한세상을 열심히 살다 가는 그의 모습을 지켜본다. 한 점으로 왔다 가는 인생 여정, 누구나 지는 해를 따라가고 있음이 분명한데 가슴으로 지는 노을빛이 왜 이리도 슬픔이 되어 가라앉는지 모르겠다. 귀에서는 점점 가슴을 뚫고 지나가는 빗소리만이 거세게 들려온다.

내 인생길을 얼마나 걸었으며, 남은 길은 얼마나 될까. 한 집안의 딸로 태어나 아내가 되고 엄마가 되고 할머니가 된 지금까지 큰 탈 없이 살아왔으니 후회는 없다. 남은 세월도 내가 그려 놓은 자화상의 완성이길 바라며 하루하루의 의미를 찾고 싶다. 크게 앓는 일 없이 내 몫을 내가 감당하며 나만의 삶이 아니라 주위에 온기를 주는 삶이라면 얼마나 좋을까. 그래서 부지런히 내 뒤를 따라오는 자식들 앞에 거울로 서고 싶다.

이제 영원한 이별의 시간인가, 정답던 손길들이 운구(運柩)를 시작한다. 그가 떠난 빈자리에 내려앉은 불빛이 아직도 남아 있는 체온을 다독여주듯 서글프다. 가랑비는 멈출 줄 모르고 나는 장승처럼 서서 그가 떠난 자리를 지켜본다. 비 오는 길 위에는 아무 자국도, 흔적도 없다.

마침내는 모두 이렇게 떠나는 것을.

(2004)

영혼이 따뜻했던 순간

또 눈이 내립니다. 정월 내내 오는 것 같습니다. 삼한사온(三寒四溫)이라는 정겹던 기후는 간데없고 연일 계속되는 한파에 강과 들, 공기마저도 차갑게 얼어붙어 황량한 들판에 홀로 선 나목처럼 너무 춥습니다.

웬일인지 저는 퇴원을 한 후로 점점 더 환자가 되어가고 있습니다. 견디기 어려울 만큼의 통증은 아닌데, 입맛이 없고 무기력하게 누워있는 하루하루가 우울하기만 합니다. 얼떨결에 당한 일이라 병원에서는 환자라는 실감이 나지 않아서였을까요. 아니면 가족들의 사랑과 형님의 따뜻한 보살핌에 고통을 잊었던 것일까요.

형님! 저는 아직도 믿어지지가 않습니다. 제가 심장의 수축과 이완의 불균형으로 혈액공급이 원활치 않아 심장 박동기를 달았다는 사실 말입니다. 형님도 아시겠지만, 제가 얼마나 건강에 자신을 가지고 있었는지요. 물론 관절 수술을 했을 때도 형님의 지극한 간호로 수월하게 이겨낼 수 있었는지는 몰라도 퇴행성관절염이야 나이 들어 겪게 되는 과정이라 믿으며 불편하기는 해도 지병으로 생각하지는 않았습니다. 그것까지 불평하면 과욕이라 믿었으니까요. 주위에 감기만 들어도 식욕이 떨어지는 사람들을 보면서 내 위장은 독일제라며 내 몸 안의 모든 조직과 기관의 완벽함에 비해 겉모습이 부족하다고 불평을 하던 터였으니까요.

기온의 변화로 일어난 일시적인 현상일 수도 있으며, 평생 건강하다고 먹지 않던 한약을 먹은 부작용으로 심장 본래의 전도 체계에 이상이 생긴 것은 아닐까 하는 생각을 떨칠 수가 없었습니다. 그러나 평균 정상인이 휴식 시 1분에 60~70번의 박동으로 혈액을 체내에 순환시켜 신선한 산소와 영양분을 공급해야 하는데 내 박동 수가 응급실에서 하루 내내 40 미만이었으니 그대로 죽을 수도 있다는 말에 참으로 당혹했습니다.

형님! 집에 있는 시간 많은 생각을 했습니다. 자신했던 건강은 터무니없는 과신이었다니, 속절없이 무너지는 나약함에 아득하기만 하더군요. 서맥(徐脈)인 줄 알았으면 폐활량을 늘리는 운동을 지속적으로 해야 했습니다. 지금 나는 어디쯤 와 있으며 어디쯤

가고 있는지 의문이 들면서, 자신의 건강은 나뿐만이 아니라 소중한 가족들에게도 짐이 된다는 것을 깨닫게 되더군요.

이러한 의술의 발달은 오늘날 장수시대로 이어져, 노년 인구의 증가야말로 불 보듯 자명한 일이지요. 장수의 개념이 반드시 경사만은 아닌데도 말입니다. 그러고 보면 언젠가 고통 없이 편안히 맞이할 수 있는 내 임종마저 현대 의학이 바꿔놓은 것은 아닐까 하는 씁쓸한 상념에 빠지기도 합니다.

그런데 형님은, 어떻게 적막 같은 외로움에도 불평은 고사하고 아무것도 내세우지 않고 누군가의 도움이 되는 꼭 필요한 사람으로 살고 계시는가요. 그 지순한 사랑의 원천은 무엇입니까. 오늘도 입맛 없는 제게 해물찜을 해 주신다며 수산시장을 들러 현관을 들어서시던 형님, "날씨도 추운데…" 했더니 "겨울이 그렇지요. 저는 추우면 추운가 보다, 더우면 더운가 보다 그래요" 하시면서 "기쁜 마음으로 하니까 즐겁지요." 하신다. 천사를 본 적은 없지만 형님이 천사를 닮은 모습일 거라는 생각이 듭니다. 단독 집에서 아파트로 이사하시면서 제일 아쉽게 여기시던 일, 뒷마당에 묻어놓은 큰 독에 동치미를 담아 이웃에 나누시던 일을 못 하게 되어 안타깝다고 하시던 형님.

맛있게 저녁을 해 주시고 총총히 떠나신 형님을 보려고 창가에 섰습니다. 이미 전철을 타셨는지 모습은 보이지 않고, 눈 쌓인 골목길엔 발자국만 옹기종기 이야기가 묻어나고 있네요. 길옆으로 묵묵히 겨울을 지키는 저 나무들도 아마 땅속 깊은 곳에서는 곧 봄이 올 것이라고 다독이면서 몸에 물을 채워가며 기다리고 있겠지요. 불현듯 저도 걷고 싶다는 충동이 느껴집니다. 언제가 될지는 몰라도 모든 상념에서 벗어나 정제된 산소를 듬뿍 마시며 걸어보고 싶습니다. 밑도 끝도 없이 부유하는 생각들은 어느 순간 머릿속이 하얗게 변하면서 해결되겠지요.

가치 있는 삶이란, 내가 할 수 있는 아주 사소한 일이라도 그것이 나만을 위한 것이 아닌, 누군가에게 의미가 된다면 그것이 바로 기쁨이라고 일깨워 주신 형님. 그리고 사랑하는 가족들, 다시 태어난 기념으로 새봄에는 멋진 여행을 가자는 친구들, 어느 병원인지도 모르는 채 합정동에 사니 세브란스가 아니겠냐며 무작정 달려온 문우들이 있는데 잠시 병마와 불면증에 시달린다고 투정을 해서야 되겠습니까.

누구나 물리적인 길이로 측정해 본다면 기쁘고 행복한 순간은 그리 길지 않을 수 있지만, 그 시절을 환하게 웃으며 견딜 수 있는 이유는 사랑하는 가족과 이웃이 있는 것만으로 만족할 수 있기 때문이 아니겠습니까.

마치 그해 수확한 포도로 빚은 와인 중 가장 먼저 세상에 출시되는 '보졸레 누보'의 첫 병을 열 때와 같은 마음으로 한 해를 열겠습니다. '올해는 어떤 맛일까?' 하는 기대와 설렘을 갖고. 좋다는 한마디에 취하고, 그 감칠맛은 삶의 풍성한 여운을 남기게 되겠지요.

내 영혼이 따뜻했던 순간들, 그 따뜻했던 기억들이 내면의 깊은 명상과 새로운 창조의 시간으로 승화되기를 바라면서 형님께 고맙다는 인사를 드립니다. 그리고 사랑합니다.

(2012)

변해가는 풍속도

세상이 변하고 있다. 전통처럼 지켜온 고정 관념이 무너지며 윤리 도덕에 붕괴의 소리가 자고 새면 머리를 흔든다. 유교 문화권이던 우리나라가 급속도로 변해가는 세태의 흐름으로 길을 잃어가고 있다.

고도의 산업화와 물질적인 풍요는 개인주의적 가치관의 확산으로 사회의 기초 단위인 가정과 가족의 본래 모습을 변화시킨다. 지나친 성취욕과 각자의 삶에 무게를 두고 가족의 결속력은 약화되어 가부장적 가족관은 설 자리를 잃어가고 가정의 개념마저 흔들린다.

변하는 것은 가정만이 아니다. 날로 심각해지는 환경 문제, 산처럼 쌓여가는 쓰레기, 공기 오염으로 오존층은 파괴되고 자동차의 홍수는 교통을 마비시킨다. 변화 속의 인간은 부대끼며 심성이 조급해지고 황폐해져 간다.

며칠을 쏟아붓던 장마에 하늘과 대지가 뿌옇게 덮였던 스모그와 먼지를 씻어내고 투명하다. 언제 변할지 모를 오늘 아침 공기는 퍼 담고 싶을 정도로 상큼하다. 눈이 부시도록 푸른 하늘, 자연만큼 우리에게 겸허와 순수를 일깨워주는 것은 없다. 그러나 청정한 바람에 실려 온 조간(朝刊)은 무겁고 어둡기만 하다.

되풀이하고 싶지 않은 이야기, 10대를 상대로 하는 성폭행이나 유치원 원장이 원아들을 희롱한 일은 참으로 충격적이다. 자식이 부모를 버리고 중학생이 수업 시간에 진통이 왔다는 이야기는 우리를 슬프게 한다.

이제는, 조상에 대한 그 많은 제사를 지내느라 여자들의 허리는 펼 새가 없고 남존여비 사상으로 아녀자는 학문도 접하지 못한 채 한 가문에 귀속된 노예처럼 눈물로 세월을 보내야 했던 세대는 가고, 대신 강해진 아내의 위치로 "간 큰 남자" 시리즈가 나올 정도가 아닌가. 고루하고 모자란 것들의 변화는 바람직하나 가정의 풍속도가 바뀌는 것은 안타깝다.

이처럼 크나큰 변화 속에서도 변하지 않는 것들이 있다. 국회에서 벌어지는 추한 정치인의 작태나 되는 것도 안 되는 것도 없는 우리나라 행정의 어제와 오늘, 열심히 일하는 중소기업의 자금 융자는 하늘의 별 따기인 반면, 권력과 결탁한 대기업은 땅 짚고 헤엄치기다. 뿌리를 뽑겠다던 사정(司正)의 한파도 시간이 지나면 용두사미가 되고, 일관성 없는 행정은 많은 후유증을 남긴다.

오천 불에서 만 불까지 허용했던 여행자들에게 이제야 외화 낭비의 심각성을 깨닫고 제한한다는 뉴스도 난센스다. 소 잃고 외양간 고치는 격이다. 세계 어디를 가도 관광지 주차장에는 거대한 버스가 쏟아 놓는 한국 관광객으로 만원이다. 현지 경고문에도 한글로 주의 사항을 써놓을 정도니 말이다. 새로운 대륙을 접하고 그들의 문화를 돌아보며 삶의 폭(幅)을 넓히는 것은 바람직하나 물질적인 풍요가 삶의 방향을 왜곡되게 하지는 않을까 걱정이 된다.

핀란드나 노르웨이, 덴마크는 사회주의와 자본주의가 공존하는 사회이기도 하지만, 자연이 주는 풍요를 인간과 더불어 공유하며 살아가는 모습이 인상적이었다. 특히 탁아 산업과 실버 산업이 발달된 복지국가다. 잔잔한 피오르드 수면에 비친 아름다운 숲속에 위치한 흰 벽과 오렌지색 지붕의 작은 집들은 한 폭의 그림 같다. 도시는 조용하고 국민들은 검소하다. 시청 바로 앞이 수산시장인 덴마크, 왕궁을 택시나 자전거들이 자유롭게 왕래하는 것 또한 신기했다.

강남의 압구정동이나 로데오거리, 노란 머리에 배꼽이 드러나는 티셔츠를 입고 사탕 알만 한 선글라스를 걸친 국적 불명의 미녀들, 짙은 화장에 하이힐의 여인도 우리만이 소유한 미인 천국의 풍속도다. 우연히 친구를 만나 들어간 커피숍에서 10대 후반의 여자들이 고막이 터질 듯한 음악 속에서 담배 연기를 동그랗게 뿜어대는 어이없는 풍경에도 민망해지는 것은 내 쪽이다. 반갑지 않은 손님이라는 종업원의 쌀쌀한 눈매에 떠밀려 이방인처럼 문을 나서야만 했다.

단독주택은 헐렸다 하면 한두 달 사이에 우후죽순처럼 원룸이나 다세대 주택으로 탈바꿈하고, 좁은 골목은 승용차의 홍수를 이룬다. 원색의 크고 작은 간판들은 제각기 자기 얼굴 드러내기에 여념이 없고, 조잡하게 붙어 있는 간판에서는 민도(民度)가 드러난다.

강남의 시원한 팔차선 도로 좌우로 들어선 초대형 건물과 번쩍이는 네온사인, 오랜만에 고국을 찾은 사람들은 여기가 한국인지 미국인지 모르겠다며 눈이 휘둥그레지기도 하지만, 향기 없는 꽃이 아름다울 수 없듯이 높아만 가는 건물은 사상누각이 아닐까.

서양 사람들의 솔직한 감정 표현은 쉽게 받아들이면서도 그들의 검소한 생활 태도는 왜 배우지 못하는 것일까. 내가 먼저 가겠다고 시끄럽게 경적을 울리며 곡예를 하듯 빠져나가는 차들을 보면, 웃음 가득한 얼굴로 손을 흔들며 한없이 기다려 주던 서구인의 여유를 생각하게 된다.

삶의 향기란 맑고 조촐하게 사는 인품에서 풍겨 나오는 것이며, 생활의 질이란 정신적 풍요와 문화적 삶의 농도를 말한다. 세계화에 앞서 인간화가 우선이 되는 터전이 시급하지 않을까.

흐르는 세월 속에서 하루가 멀게 변하는 풍속들이지만, 변해야 하면서도 변할 줄 모르는 것들의 이율배반, 만년 과도기 같은 지루하고 긴 터널에서 벗어나 참신하게 우뚝 서기를 바란다.

(1996)

망설임 없이 떠나고 싶은 여행

남해는 아름다웠다. 쪽빛 바다에 그림처럼 떠 있는 크고 작은 검푸른 섬, 하늘 끝인지 바다인지 모를 아득한 수평선, 용암은 식어 산과 바위가 되고 빙하는 녹아 강이 되고 바다가 된 무한한 시공(時空)이 외경스럽다.

삼복더위에 삼대가 달려온 고생도 녹아들 것 같은 절경이다. 방학을 이용한 열두 명의 대가족 여행이었다. 남편 친구분의 배려로 완도의 한 호텔에 여장을 풀었다. 바다는 텅 비어 있으나 충만감으로 가득했다. 어느 날 우연히 들은 라디오 방송에서 세계 삼대 미항(美港) 중에 남해가 들어가지 않은 것은 유감이며, 아마도 이곳을 답사 전에 결정했을 것이라는 아나운서의 말을 듣고 혼자 웃었던 일이 새삼스럽게 기억난다.

신지도(薪智島)의 명사십리 해수욕장을 거쳐 오늘은 보길도행이다. '어부사시사(漁父四時詞)'를 쓴 고산(孤山 尹善道)이 이곳을 지나다가 아름다움에 반해 정착했다는 섬이다. 완도에서 카페리로 한 시간 삼십 분이 걸린다는 말에 나는 기뻤다. 남해의 절경 속에서 시원한 해상 관광은 길수록 좋을 것이라고 생각했기 때문이다. 그러나 그것은 착각이었다.

배 안은 한증막을 방불케 했고, 선실은 의자가 있는 방과 온돌처럼 비닐 장판이 깔린 두 개의 방으로 나뉘어 있다. 게다가 불투명하게 꽉 막힌 창문에는 빈틈없이 못이 박혀 있었다. 난방 시설이 부실했던 오십 년대, 외풍을 막으려고 창문을 비닐로 막아 월동을 했던 과거를 생각나게 했다. 바람 한 점 들어올 수 없는 창은 건조 후 한 번도 닦지 않은 듯 뿌예 바다가 보이지 않았다. 바닥은 먼지로 가득하고 무료함을 잊으려는 듯 고스톱을 치는 사람이나 누워있는 사람 등 모두가 관광객이 아니라 패잔병의 모습이다. 그 속에서도 코를 찌르는 오징어 냄새와 땀 냄새는 머리를 혼미하게 만들었다.

배 안은 견딜 수가 없어 바다나 보려고 밖으로 나섰다. 그늘 없는 갑판에도 먹다 버린 깡통과 과자 봉투들이 나뒹굴고 있었다. 헛디뎠다간 넘어지기에 십상이었다. 보길도로 향하는 바다는 뱃길만 남겨 놓고 양식장이 되어 있었다. 만원은 육지만이 아니었다. 외국인 부부가 화장실을 묻는데, 가보지도 않은 내가 공연히 얼굴이 붉어지고 민망해지는 것은 웬일일까. 아무리 아름다운 자연도 가꾸고 공중도덕을 지키지 않으면 소용이 없다. 다시 들어와 눈을 감고 잠을 청해본다. 더위에 잠은 오지 않고 언젠가 북유럽 관광에서 탔던 그림 같은 선실이 그리움으로 다가선다.

노르웨이의 서쪽 베르겐(BERGEN)에 가기 위해 구드방엔(GUDUVANGEN)까지 두 시간 삼십 분 동안 작은 여객선을 탄 일이 있었다. 그때 선내가 너무 청결해서 실수를 할까 봐 공연히 신경이 쓰인 일이 생각났다. 각종 식물로 꾸며진 검소한 실내 분위기는 아름다웠고, 꽃향기로 가득했던 화장실을 친구들과 번갈아 드나들며 감탄하던 기억, 그리고 말간 유리창으로 보이던 바닷가의 주택들은 가히 환상적이었다. 가져다 놓은 커피 한 잔에 이 배를 탈 수 있었던 행운에 감사의 기도까지 올렸던 기분을 지금도 잊을 수가 없다. 새로운 풍물을 접하고 역사를 배우는 것만이 관광의 몫은 아니다. 그 배를 탈 수 있었던 시간들은 내게 값진 여행의 의미를 생각하게 했다. 그것이 바로 여행에서 얻게 되는 추억이며 선물이 아닐까.

우리나라에도 관광객을 유치할 만한 수려한 자연과 사계(四季)가 있으면서도 거기에 부응하는 편의 시설이 없고 공중도덕을 지킬 줄 모르는 민도가 안타까울 뿐이다.

보길도의 진주 예송리(禮松里) 상록수림(常綠樹林), 까만 조약돌이 깔린 긴 해안선, 부서지는 투명한 물빛, 선홍빛으로 붉게 피어난 봄날의 동백꽃 향연은 상상만으로도 장관이다. 바람이 흔들어 눈물처럼 떨어지는 꽃잎을 바라보며 어찌 고산이 시를 읊지 않을 수 있었을까. 어느 해 봄이고 다시 찾고 싶은 예송리 동백 숲, 그러나 그 배를 타야 하는 불편이 나를 망설이게 할까 두렵다.

그러나 호텔 야외 카페에서 바라본 일몰만은 황홀했다. 지구상에서 일몰이 가장 장관이라는 플로리다의 최남단인 키웨스트에서 엄숙히 바닷속으로 빠져들던 붉은 태양의 잔영(殘影)과 무엇이 다르겠는가. 그 순간을 뜨거운 박수갈채로 송별하던 그들의 모습과, 먹고 마시며 떠드는 우리의 정서가 다를 뿐이다. 어디고 그늘만 있으면 돗자리를 펴고 고기를 굽기 시작하는 것은 우리의 오래된 습관이다. 가족 나들이를 통해 화목을 도모하고 함께 음식을 먹는 우리의 풍속도 자랑일 수는 있다. 하지만 타인을 생각할 줄 아는 배려가 우선되어야 하지 않을까.

산업화로 비대해져 가는 우리, 선진 대열에 우뚝 선 만큼 공중 도덕을 지킬 줄 아는 국민으로 발돋움해야 한다. 쓰레기에 자연은 훼손되고 강산은 썩어간다. 획기적인 아이디어를 창출하는 부단한 노력과 나라 사랑이 화급하다.

언제고 마음만 먹으면 망설이지 않고 떠날 수 있는 여행을 꿈꾼다. 남해(南海)의 여름은 아름다웠다고, 서슴없이 말할 수 있는 날을 고대한다.

(1997)

가을을 이렇게 살고 싶다 (1)

팽팽하게 튕기는 완자창 밖 햇살이 눈부시다. 엄청스레 쏟아붓던 장마에 여름은 머뭇거리지도 못한 채 쓸려간 모양이다. 찻잔에 이는 소슬바람에 가을은 깊어가고 피어나는 향기에 며칠 전 여행이 그리움으로 다가선다.

후회 없는 여행이었다. 계절 속에 청정한 산빛이 좋았고, 비에 씻긴 수목은 청결하고 계곡의 물소리는 기백이 있었다. 부모님을 모신 여행이라 행복했고, 기뻐하시는 모습은 절경보다 보기 좋았다.

영주 부석사와 소수서원, 우암 송시열 서원과 희방폭포, 월악산 미륵사지, 단양팔경의 옥순봉과 도담삼봉, 청풍문화단지와 문경새재, 충청도와 경상도를 잇는 국토 순례요, 문화유산 답사였다. 안내문에서 비문까지 읽으시던 두 분, 청풍 김 씨인 어머니는 청풍문화단지에서 영의정인 9대조 몽천대신 공덕비를 읽으시고 감격하신다. 언덕에서 내려다본 충주호는 속삭이듯 잔잔하고, 인생의 고통마저 녹아들 듯 고즈넉하다.

우리나라 자연처럼 아기자기한 곳이 또 어디 있을까. 광활하지는 않아도 산과 계곡, 물과 바위, 나무들로 정성 들여 가꾼 정원 같다. 그 소박한 모습은 선비를 닮아있다. 수려한 능선은 산마다 수줍게 치맛자락을 펴 평야를 이루고, 작은 동산은 적송 한두 그루 거느리고 아늑하다. 골짜기 깊숙이 자리 잡은 논과 밭둑, 미루나무에도 후끈한 여름은 가고 가을 햇살이 은빛 금빛으로 살랑댄다.

느티나무 그늘 아래 일손을 쉬는 농부의 얼굴은 밝고, 뜰 앞까지 널어놓은 빨간 고추는 풍요롭다. 평범한 시골 마을이 이처럼 마음에 스며들며 아름답게 느껴지는 것은 계절 탓일까. 아니면 작은 효도에서 오는 기쁨 때문일까. 감동이어도 좋고 뒤늦은 개안(開眼)이라도 좋다.

소수서원, 죽계로 띠를 두른 풍광이 뛰어난 백운동 자락 명헌 안향(安珦)의 서원이다. 송림 수려한 영비봉 기슭에는 정적만이 감돌고 주인 없는 적요가 우리를 감싼다. 주세붕(周世鵬)이 관찰사로 있을 때 불리던 백운동 서원을, 명종(明宗) 5년 퇴계(退溪) 이황(李滉)이 풍기 군수로 부임하면서 소수서원이라 명하였다. 명종이 친필로 사액한 현판이 나그네의 발길을 붙들고, 서원의 옛 이름을 잊지 않으려고 썼다는 이황의 필적이 무심한 죽계천 암벽에 아직도 선명하다. '인생은 짧고 예술은 길다' 는 말이 물소리 바람 소리 되어 들려오는 듯하다. 송림의 깊은 향과 색깔들이 유난히 신비스러워 보이는 것도 뛰어난 영혼의 자취 때문일까. 자연은 위대한 영혼을 잉태한다고 하지만, 영혼은 자연의 정기가 되어 빛나는 것인가 보다.

희방폭포 계곡에 자리를 깔았다. 소백산의 물줄기를 거두어 눈사태 같은 거품을 토해내고, 그 낙차로 생긴 고음이 산을 흔든다. 늦은 점심은 꿀맛이었다. 그늘지고 골 깊은 탓인지, 봄에 갓 핀 홑잎처럼 보드라운 연두색 작은 잎들이 식욕을 더해 주었다.

어느새 가을의 짧은 해는 뉘엿뉘엿 산마루를 돌며 햇볕을 거두려 한다. 아쉽게 엷어지는 햇살을 등에 지고 내려서는데, 길섶에 숨어 핀 가녀린 풀꽃들이 수줍은 듯 배시시 웃는다. 반가움이 샘물처럼 솟아난다. 이 작은 아름다움의 힘, 아름다움의 공유, 이처럼 작은 것에서도 넘치는 기쁨을 얻을 수 있구나.

오는 길엔 이화령을 넘었다. 땅거미에 가라앉은 산야는 뽀얗게 젖은 한 폭의 수묵화다. 숙소인 수안보 콘도를 향해 달리는 차에 몸을 묻는다. 말없이 남편이 틀어 놓은 정지용의 〈향수〉가 울려 퍼진다.

'넓은 벌 동쪽 끝으로
옛이야기 지즐대는 실개천이 휘돌아 나가고
얼룩빼기 황소가…
이것이 차마 꿈엔들 잊힐 리야.'

저문 산골 마을 몇몇 집에서 연기가 모락모락 피어오른다. 하던 일을 마저 끝내고 들어온 엄마가 서둘러 저녁밥을 짓는 모양이다. 향수로만 남은 어린 시절, 늘 가고 싶었던 외가 마을 풍경이다.

가을을 이렇게 살고 싶다. 언제까지나 부모님을 모시고 가을을 살고 싶다. 하기야 계절이야 무슨 상관이랴. 계절 따라 새 모습으로 변하는 강산인 것을…

창문을 활짝 연다. 완연히 자리 잡은 가을이 옷깃을 여미게 한다. 국화의 향기처럼 은은하게, 손을 대면 묻어날 듯 정겨운 여행의 추억이 머물고 있다.

(1996)

가을을 이렇게 살고 싶다 (2)

〈가을 여행〉

시월도 마지막, 어깨에 살포시 얹힌 가을볕이 정겹다. 은행잎의 간절한 모습에도 만추의 서글픔은 배어 있지 않고, 따사로운 햇살에는 춘곤(春困) 같은 노곤함도 없다. 늦가을 하오의 정취가 연인들의 밀어처럼 쌓여간다.

해는 정수리를 비낀 지 한참이나, 가을의 호사를 더 누리고 싶어 초인종을 누르지 않은 채 대문을 지나친다. 나무들은 열매를 맺어 핏줄을 되돌리기도 하고, 제각기 다른 색깔로 자신의 모습을 뽐낸다. 저토록 화려하게 마지막을 장식하려는 연유는 무엇일까. 슬픈 자축일까, 내일의 약속일까.

화려한 단풍 빛깔에 내 마음도 덩달아 술렁인다. 정다운 사랑의 말 한마디가 그립고, 그 한마디에 취해 어디론가 가을 여행을 떠나고 싶다. 정성 들여 지은 옷 훌훌 털고 빈 몸으로 들녘을 지키는 나무들처럼 진솔하게 자신을 바라보며 떠나고 싶다.

놀이터 벤치에 앉는다. 공들여 가꾼 화단이 개구쟁이 발길에 몸살을 앓는다. 생장을 중단한 후박 잎이 길지 않은 초록의 한 생애를 담고 도르르 말려 옹기종기 회한의 정을 나누고 있다. 잎사귀에 스치는 바람이 오동잎에 구르는 여름 소나기처럼 요란하다. 바람이 찬 것을 보니 가을의 짧은 해도 서산을 넘는가 보다. 외롭게 떨고 있는 저 가녀린 코스모스, 감국의 짙은 향, 그들은 봄날의 아지랑이와 종달새의 노래는 모르고 살았지만, 찬 달빛을 닮아 기품을 지녔는가 보다.

우수수 낙엽이 떨어진다. 곱게만 보이던 잎들도 가까이 보니 얼룩지고 상처투성이가 많다. 한 해를 살다가는 인생이지만 어디 기쁨뿐이겠는가. 갈등과 서글픔을 삭이고 자신을 태워 물들이는 것이 낙엽의 빛깔인지도 모른다. 척박한 땅, 소외되고 그늘진 공해 속에서 어찌 곱게만 물들 수 있을까. 삶의 노정에 따라 빛깔도 다를 것이다.

내가 만약 잎사귀라면 어떤 색깔로 물들 것인가. 내 삶의 빛깔을 가늠해 본다.

〈가을 편지〉

“가을엔 편지를 쓰겠어요, 누구에게라도”

누가 언제 부른 노래인지는 몰라도 입가에서 맴을 돈다. 깊어가는 가을, 곰삭으며 익어가는 만추다. 한 번쯤은 시인이 되기도 하고, 한 번쯤은 수신인 없는 편지를 부치고도 싶어진다.

며칠 전, 철 이른 바람이 몰고 온 은행잎으로 국회의사당 앞길은 금빛 축제가 열렸다. 거리에도, 달리는 차에도, 연인들의 어깨에도 노란 나비들이 춤을 추고 있었다. 이렇게 아름다운 가을을 몇 번이나 접할 수 있을까. 미련 없이 털어내고 있는 나무들에게는 새봄이 예비되어 있지만 우리의 삶은 예행연습도 없어 후회만 남기게 되는 것일까.

금년 가을은 유독 일이 많았다. 하나뿐인 딸을 시집보내고 맞은 첫 번째 가을이고, 건강하던 친구가 뜻밖의 병명으로 진단을 받은 가을이기도 하다. 젊은 날의 고독은 순간이었고 치유도 빨랐지만, 지금은 다르다. 앙금처럼 나이 속에 고여 온다. 얼마나 확신 없이 살았으면 아직도 자신의 모습이 이렇게 서툴게만 느껴질까.

차 한 대가 지나가니 노란 잎들이 일제히 일어서서 원을 그리며 뒤를 쫓다가는 흩어진다. 어디로 가는 것일까. 세월은 물처럼 흐르는 것이 아니라 소나기처럼 왔다 가는 것인가 보다.

가슴앓이를 끝내고 어서 일상으로 돌아가야지. 동치미와 갓김치를 담그며 겨울을 준비해야겠다. 몸은 늙어 가는데 대책 없이 마음만은 왜 늙을 줄 모른단 말인가.

딸애가 혼자보다 둘이 된 기쁨을 만끽하는 멋진 가을이 되기를 바라며, 건강을 회복한 친구가 가을 여행을 떠나자고 조르기를 고대한다.

우선 가을 편지를 써야겠다. 누구에게라도 상관없다. 간절한 마음을 담아 낙엽과 함께 보내리라. 제법 묵직한 편지가 될 것 같다.

(1994)

징 소리의 울리는 여운처럼

- 나의 수필 쓰기 -

쓸수록 어려운 게 글쓰기가 아닐까 한다. 글쓰기를 업으로 하는 문장가들도 첫 문장이 쉽게 떠오르지 않아 고심할 때가 많다고 들었다. 그래서 글쓰기에는 달인이 없는 모양이다. 미국의 어느 작가는, 삶이 결코 쉽지 않지만 그래도 글 쓰는 일에 비하면 "사는 것은 아무것도 아니다." 라고 말할 정도가 아닌가.

언어를 통해서 자연과 삶을 아름답게 예술적으로 표현하며 공감하고 소통하는 양식이 문학이라 본다. 그중에서도 수필은, 삶의 빛깔과 소리에 귀 기울여 그 감정과 풍경을 쓰는 작업이며 시나 소설에서 느낄 수 없는 품격과 향기, 깊은 철학을 담아야 한다고 믿는다. 다른 문학 장르는 글을 쓴 작가가 거의 전면에 나서지 않고 작품 뒤에서 글을 이끌어가게 마련이지만, 수필은 작가의 생각과 느낌이 그대로 노출되는 1인칭 문학이기 때문에 따듯한 성품이 그대로 우러나는 글, 진솔하고 정직한 글이어야 독자들의 공감(共感)을 얻게 마련이다. 간혹 수필을 누구나 쉽게 다가갈 수 있는 글이라 생각하는 이도 있지만, 수필을 수필답게 쓰려면 수필처럼 어려운 작업도 없는 것 같다.

수필과의 인연

만남의 인연이란 결코 우연이 아니라 긴 기다림이나 오랜 염원에서 이루어진 것이라 믿는다. 오랫동안 알게 모르게 바랐던 일이거나, 은연중에 마음을 빼앗겨버린 경우가 아닐까 생각한다. 내가 뒤늦게나마 수필을 마주하게 된 것도 그와 같은 맥락이라고 여겨지기 때문이다.

중학교에 입학하고 처음 써본 내 시가 선생님께 칭찬을 받았던 감동이나 젊은 날, 방송국이나 월간지 신문 독자란에 투고한 서툰 글들이 가끔 지면에 실리면서 '내가 선천적으로 글에 대한 성향을 타고난 것이 아닐까?' 하는 엉뚱한 기대로 잠시 글을 써볼까 충동에 사로잡혀 본 적도 있었지만, 사 남매를 기르던 내 바쁜 일상은 그런 꿈마저 접게 했다. 세월이 지나 아이들이 결혼과 유학으로 하나둘 내 곁을 떠나고 지명을 넘기고서야, 까맣게 잊은 줄 알았던 '글을 써보고 싶다' 는 생각이 슬며시 고개를 내밀었다. 꿈은 흐르는 세월 속에 부대끼며 마모되고 변해가지만 흔적조차 사라지거나 뿌리째 뽑히지는 않는 모양이다. 뒤늦게나마 이렇게 수필과 마주한 걸 보면 만남이란, 인연이 아닐 수 없다. 그러나 돌이켜 생각해보면 내가 글에 대한 남다른 성향을 가졌던 게 아니라 그건 단순한 젊음의 충동이었음을 이제야 알겠다.

소재와 제목 찾기

내 소재의 대부분은 일상 안에서 찾는다. 매일 접하는 신문이나 TV, 가까운 주변에서 만나는 삶의 형상들, 그리고 사계절의 자연풍광과 세월 속에 변모해가는 생태계의 모습, 가끔은 낯선 여행지에서 만난 풍물들이 내 소재의 전부다. 그렇다면 소재는 주위에 지천으로 많을 터인데도 나는 번번이 소재의 빈곤을 느낀다. 객관적으로 존재할 뿐 자신의 주관과 결합(結合)을 이루어 주지 못하기 때문일 것이다. 생활반경이 지극히 단조롭고 단순한 내가 접했던 일이나 사건 중에서도 구체성을 위해 잘 아는 것을 택하되 애정이 가는 곳에서만 소재를 찾는 습관이 문제일지 모른다. 그러나 항상 깊은 체험과 애정을 가진 소재라야 쉽게 글을 쓸 수 있고, 보다 나은 작품이 될 수 있다는 믿음에서다.

소재를 찾고 제목을 어렴풋이 잡고 나면 우선 머릿속에 얼크

러진 소재들을 모아 초안을 잡는다. 물론 초벌작업은 언제나 연습장에서부터 시작한다. 아무도 알아볼 수 없는 나만의 습관이다. 그런 다음 천천히 준비된 과제에 대한 방향과 길, 대상에 대한 깊은 통찰과 따뜻한 시선으로 관련된 모든 소재들을 나름대로 동원해가며 주제라는 핵을 넣어 글의 형태를 갖춘다. 제목은 처음에 정해지나 글이 완성되어 가면서 바꾸기도 한다.

서두와 결미

글을 쓰면서 언제나 고심하는 것은 첫 문장의 서두이다. 사람을 마주할 때 첫인상이 중요하듯이 글에서도 작품의 내용을 농축해서 보여주는 것이 서두이기 때문이다. 호기심과 긴장감을 유발하면서도 너무 크거나 무겁지 않고 요란하지 않게 다소곳이 파고드는 서두이면 좋다. 제목 또한 마찬가지다. 처음에 글을 시작하면서 작은 내용에 비해 터무니없이 큰 제목으로 우를 범했던 기억이 지금도 부끄럽다. 수필 쓰기는 아직도 내게 힘든 작업이지만 함축(含蓄)으로 응축(凝縮)된 시나, 온종일 손에 넣어야 하는 긴 소설의 장르보다 자투리 시간에도 몇 편을 읽을 수 있는 장점에 진솔한 감동과 여운이 있는 수필이 좋은 것을 어쩌랴.

〈난지도〉〈떠나는 당산철교〉〈꽃 피는 봄이 오면〉〈외출〉

〈나의 글쓰기〉 〈삶은 인내로구나〉는 미흡한 글이나, 내가 살아온 삶의 흔적들이다. 젊음이 머물다 떠나간 자리에 여운처럼 새겨진 다양한 무늬들, 마음에 파장을 일으키고 간 존재들과의 교감…

내가 쓴 글들이 세상 속으로 나가는 것에 〈외출〉이라는 제목을 붙였고, 〈나의 글쓰기〉는 음식을 만드는 데 비유하기도 했다. 아무리 신선한 재료와 거기에 부합되는 재료를 골랐다고 해서 반드시 훌륭한 맛을 낼 수 없고 만드는 사람의 숙련된 솜씨에 따라 다르듯이 수필 또한 쓰는 사람의 통찰력과 꾸준한 노력에서 비롯된다고 본다. 아무리 소재가 좋아도 거기에 따르는 주제를 살리지 못하면 작품성을 잃는다. 숙성을 기다려야 하는 포도주의 맛처럼 소재를 익혀 다루고 직설적인 표현보다는 의미를 담는 적절한 문장이 필요하다.

문장과 마무리

문장의 생명은 진실성과 투명성에 있으며 일일이 설명하지 않아도 읽는 사람에게 감동이나 공감을 줄 수 있어야 한다. 글을 쓰는 사람은 누구나 독자에게 하고 싶은 말이 있게 마련이지만, 그 의미는 본질적이거나 근원적인 데서 찾고자 한다. 그러므로 생각을 나누는 연장이 곧 문장이라 할 수 있다.

간결한 문장에는 긴 문장도 간간이 넣어가며 사고의 균형을 잡고 접속어가 지나치게 많지 않은지, 아니면 문장이 늘어지지는 않았는지 꾸준히 살핀다. 연습장에서 초벌작업을 마친 글을 컴퓨터에 저장한 다음, 철자법과 띄어쓰기는 맞았는지, 문장들은 정확한지 다시 점검한다. 끝으로 컴퓨터에 저장된 글을 활자로 옮겨 큰 소리로 여러 번 읽는다. 매끄럽지 않은 부분이 있나 없나 주의 깊게 살피면서 퇴고를 계속한다. 퇴고도 물론 중요하지만, 좋은 글을 쓰려면 문장을 많이 읽고 많이 쓰는 방법이 우선이라 생각한다.

징 소리의 뒤끝처럼 여운이 있는 글

사람은 누구나 자신의 삶을 살아간다. 그 삶이 행복하든 그렇지 못하든 그 시대, 그 사회, 그 자연이 주는 상황들을 접하면서 살아가게 마련이다. 어떤 사람은 사업가로, 또 어떤 사람은 정치가로, 가수로 살아가지만 수필과 인연을 맺었으니 우선 좋은 글을 쓰도록 노력해야 하지 않을까. 모든 대상에 대해 깊은 통찰과 독창적인 시각을 갖고 따듯한 시선으로 내 삶의 체험들이 보다 진솔하게 표현되고 공감할 수 있는 글을 쓰고 싶다.

탁월한 문장가들이 쓴 문체의 우아함과 고풍스런 글체까지는 닮을 수 없겠지만 가끔은 해박한 지식이 담긴 서사성 있는 글이나, 지적인 유머와 톡톡 튀는 문장으로 독자들에게 웃음을 주는 개성 있는 글도 흉내 내보고 싶다면 지나친 욕심일까. 뒤늦게라도 생활 속에서 가치와 의미를 담은 좋은 소재를 찾아 그 순간의 감촉이 무한의 여운을 남길 수 있는 좋은 수필 한두 편 써보고 싶은 것이 내 남은 소망이다. 영원히 이룰 수 없는 희망사항으로 남을지도 모르겠지만, 오늘도 책상 앞에 앉아 징 소리의 뒤끝처럼 여운 있는 글을 꿈꾼다.

(2012)

사라지는 것은 아름답다

1판 1쇄 발행 2020년 7월 3일

지은이 강금숙
펴낸이 김재선

편 집 심영지
디자인 조신정
펴낸곳 예솔
주소 서울시 마포구 양화로 6길 9-24 동우빌딩 4층
전화 02-3142-1663(영업), 335-1662(편집) **팩스** 02-335-1643
출판등록 제2002-000080호(2002.3.21)
홈페이지 www.yesolpress.com **E-mail** yesolpress@naver.com

ISBN 978-89-5916-842-2 03040
* 책값은 뒤표지에 표시되어 있습니다.